O Gesto e o Quadro

Endereço do autor: *Delmanto Advocacia*
Rua Bento de Andrade, 549, Jardim Paulista, São Paulo/SP
CEP 04503-011
e-mail: roberto@delmanto.com

Roberto Delmanto

O Gesto e o Quadro

2018

ISBN 978-85-472-2314-4

DADOS INTERNACIONAIS DE CATALOGAÇÃO NA PUBLICAÇÃO (CIP)
ANGÉLICA ILACQUA CRB-8/7057

Delmanto, Roberto
    O gesto e o quadro / Roberto Delmanto. – São Paulo : Saraiva Educação, 2018.

1. Crônicas brasileiras 2. Direito – Crônicas I. Título

17-1296   CDU 82-94:34

Índice para catálogo sistemático:
1. Crônicas : Direito   82-94:34

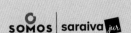

Av. das Nações Unidas, 7.221, 1º andar, Setor B
Pinheiros – São Paulo – SP – CEP 05425-902

SAC   0800-0117875
De 2ª a 6ª, das 8h às 18h
www.editorasaraiva.com.br/contato

Vice-presidente	Claudio Lensing
Diretora editorial	Flávia Alves Bravin
Conselho editorial	
Consultor acadêmico	Murilo Angeli Dias dos Santos
Gerência	
Planejamento e novos projetos	Renata Pascual Müller
Editorial	Roberto Navarro
Edição	Daniel Pavani Naveira
Produção editorial	Ana Cristina Garcia (coord.)
	Luciana Cordeiro Shirakawa
	Rosana Peroni Fazolari
Arte e digital	Mônica Landi (coord.)
	Claudirene de Moura Santos Silva
	Guilherme H. M. Salvador
	Tiago Dela Rosa
	Verônica Pivisan Reis
Planejamento e processos	Clarissa Boraschi Maria (coord.)
	Juliana Bojczuk Fermino
	Kelli Priscila Pinto
	Marília Cordeiro
	Fernando Penteado
	Tatiana dos Santos Romão
Novos projetos	Laura Paraíso Buldrini Filogônio
Diagramação	Muiraquitã Editoração Gráfica
Capa	Aero Comunicação
	Mônica Landi
Fotografia da capa	Quadro do pintor francês Henry Royer – Praia da Normandia, que se encontra na sala de reuniões da *Delmanto Advocacia*, e inspirou o título deste livro e sua primeira crônica
Comunicação e MKT	Carolina Bastos
	Elaine Cristina da Silva
Produção gráfica	Marli Rampim
Impressão e acabamento	Gráfica Paym

Data de fechamento da edição: 8-1-2018

Dúvidas? Acesse www.editorasaraiva.com.br/direito

Nenhuma parte desta publicação poderá ser reproduzida por qualquer meio ou forma sem a prévia autorização da Editora Saraiva. A violação dos direitos autorais é crime estabelecido na Lei n. 9.610/98 e punido pelo art. 184 do Código Penal.

CL   604515   CAE   623652

Dedico este livro aos meus queridos netos STEFANO e NICOLE para que conheçam o lado alegre e humano da advocacia criminal.

Agradeço à minha querida filha RENATA pelo auxílio na digitação, revisão e seleção das crônicas.

Sumário

Apresentação 13
1. O gesto e o quadro 15
2. A porta secreta 17
3. A bomba, Obama e Trump 19
4. Sobre médicos e advogados 21
5. Sobre celulares e *laptops* 23
6. O imbecil 25
7. O revólver do promotor 27
8. Os atropelamentos das vacas 29
9. Não cutuque a onça com vara curta 31
10. Os cálculos do agiota 33
11. Os caipiras-advogados 35
12. Os loteamentos 37
13. A prima do cliente 39
14. O cliente que não dormia e a sorte dos réus 41
15. O acordo 43
16. O relógio 45
17. O compromisso da testemunha 47

18. O advogado árabe. 49

19. A testemunha de casamento. 51

20. Entre o hotel e o sanatório 53

21. Os queijos e a 1ª classe da *Air France* 55

22. A cremação do delegado. 57

23. O coruja 59

24. A canseira. 61

25. O atestado. 63

26. O barbeiro e a recusa 65

27. O mais político dos mineiros 67

28. A sustentação oral que não houve. 69

29. A ONG familiar. 71

30. O pai adotivo 73

31. O cheque engolido 75

32. Os clientes 77

33. A estagiária. 79

34. Receita de pão de queijo. 81

35. Compaixão. 83

36. A dedicatória 85

37. Admiração e paixão 87

38. Usucapião 89

39. Os *foras*. 91

40. O voo, Padre Cícero e o paletó. 93

41. O jantar à francesa e o cachorrinho 95

42. O indiciamento. 97

43. Sobre vitórias e derrotas 99

44. O peludo. 101

45. *Flashes*. 103

46. O tamanho dos arrazoados. 105

47. O sétimo selo 107

48. O presente 109

49. O cabo e os pães 111

50. As acusadas sem codinome, o novo Tiradentes e o viaduto ... 113

51. A nova lua de mel 115

52. O coronel, a gravata e a lição 117

53. O criador de cavalos 119

54. Asa branca 121

55. O advogado bravo 123

56. O hino e o *nonno* 125

57. Sobre homônimos e ressuscitados 127

58. Heranças italianas 129

59. *In vino veritas* 131

60. Lazio 3 × Roma 0 133

61. A defesa prévia e o banco dos réus 135

62. A beca, o júri e o motel 137

63. Entre a Nigéria e o FBI 139

64. O voo do cavalo 141

65. O cliente que estava e não estava 143

66. O comendador 145

67. O semestre sabático 147

68. Sobre geralistas e criminalistas 149

69. *Vegetariano ma non troppo* 151

70. *Très doucement* 153

71. A gaiola, o anel de brilhante e a causa prescrita 155

72. A prova costurada 157

73. A cotovia e o inhambu 159

74. Decálogo do jovem advogado criminalista 161

Apresentação

Voltaire considerava a advocacia a mais bela carreira humana. Parafraseando o grande escritor, eu diria que a advocacia criminal é sua mais bela especialidade.

Muitos dramas humanos desaguam nos escritórios dos criminalistas. Na minha experiência pessoal, de cada três famílias brasileiras, uma, em algum momento de sua existência, verá um de seus membros envolvido, como acusado ou vítima, em um problema penal. Ou somos procurados para defender alguém ou para acusar, neste caso como assistentes do Ministério Público ou querelantes.

Entre os que nos procuram para defendê-los, há os que juram inocência e neles acreditamos. Outros, em quem não acreditamos ou ficamos em dúvida. E existem, ainda, aqueles que a nós se confessam culpados.

O mais importante, todavia, é que, inocentes ou culpados, nossa consciência de advogados e seres humanos nos permita compreender, aceitar e, talvez, até perdoar suas condutas, procurando entender as razões morais, sociais, psicológicas e humanas que os levaram a agir. Já na acusação, é preciso que tenhamos certeza da culpa daquele a quem vamos acusar.

Quando o criminalista consegue provar a inocência de um acusado, se sente em verdadeiro estado de graça, o melhor que pode ser e um pouco mais perto de Deus. Por isso, do lado da defesa haverá sempre mais flores.

Este meu quarto livro de crônicas, muitas delas publicadas na *Carta Forense*, a exemplo dos anteriores *Causos criminais*, *Momentos de paraíso – memórias de um criminalista* e *A antessala da esperança*, retrata o mundo da advocacia criminal, as lágrimas, as angústias, mas também a esperança dos que chegam aos nossos escritórios.

Através do humor, que nos adoça a existência e que, nos tempos atuais, é tão necessário, o livro fala da liberdade – este bem maior que, ao lado da honra, faz parte da nossa dignidade humana.

Se a liberdade tocar o coração de acadêmicos de direito e de novos advogados, despertando neles o mesmo amor pela advocacia criminal que continuo a ter, este livro terá atingido seu objetivo. Pois, como disse Dante Alighieri, em sua imortal *Divina Comédia*, é ele, o Amor, que move o sol e as outras estrelas...

1. O gesto e o quadro

A jovem, pertencente a tradicional e conceituada família, casada e com filhos ainda menores, depois de separar-se do marido, uniu-se a um policial militar. Após alguns anos de conturbada convivência, o companheiro, por ciúmes, matou-a a tiros, sem dar a ela qualquer chance de defesa.

Os pais da moça eram, há muitos anos, amigos de meu pai Dante, e ele foi no caso seu advogado. Acompanhou o inquérito policial, a instrução judicial, a pronúncia, a confirmação desta pelo Tribunal de Justiça e, por fim, atuou como assistente da promotoria no júri a que o policial foi submetido.

Condenado a elevada pena por homicídio duplamente qualificado, a decisão foi confirmada em 2ª Instância e transitou em julgado. O policial, que já estava preso provisoriamente, passou, então, a cumprir a pena privativa de liberdade em regime fechado.

Como não havia sido firmado um contrato de honorários com a família da vítima, esta perguntou a meu pai o valor dos honorários. Tendo ele respondido que, em razão dos laços de amizade existentes, nada havia a ser pago, o avô da ofendida, patriarca da família, deu a meu pai um belíssimo quadro que adquirira em uma exposição internacional de Paris e estava na sala principal de sua casa.

De autoria do pintor francês *Henri Royer*, o quadro mostra uma cena em praia da Normandia. Três mulheres – mãe e duas filhas – aguardam o retorno do marido e pai pescador, que tarda a voltar do mar agitado.

O semblante de cada uma delas é diferente: uma das filhas, desolada, nada mais espera; a outra , muito apreensiva, teme pelo pior; já a mãe, no meio delas, rezando o terço, tem o rosto sereno e confiante na ajuda de Deus para a volta dele...

O quadro, lembrando o penúltimo julgamento popular de que meu pai participou, seu nobre gesto e a gratidão do avô da ofendida, está hoje na sala de reuniões de nosso escritório. E a figura da mãe simboliza, para mim, a esperança que os criminalistas, como defensores ou acusadores, devem sempre ter no triunfo final da Justiça...

(*Carta Forense*, novembro 2015)

2. A porta secreta

O jovem criminalista foi conhecer o novo escritório do amigo, também um jovem advogado de sucesso, só que na área cível. Após mostrar as belas e espaçosas instalações, o civilista disse que, sem abandonar sua especialidade, decidira passar a atuar igualmente na seara criminal, propondo-lhe futuras parcerias.

Ao aceitá-las de bom grado, o criminalista recomendou-lhe que, para se familiarizar com a matéria, começasse lendo três livros imprescindíveis: os nossos *Código Penal Comentado*, atualmente em sua 9º edição, e as *Leis Penais Especiais Comentadas*, hoje na 3ª edição, e o *Código de Processo Penal Anotado*, de Damásio de Jesus.

E, resolvendo pregar-lhe uma *peça*, perguntou ao civilista se tinha em seu escritório uma *porta secreta*, ao que ele, surpreso, indagou "o que era isso". Foi-lhe, então, explicado que todo escritório de advocacia criminal possuía uma, para que, na eventualidade de haver uma *Operação da Polícia Federal*, o cliente tivesse por onde se evadir.

Acreditando na estória, o civilista disse que jamais havia pensado nisso e que iria falar com a arquiteta que projetara o interior do escritório, para ver se descobriam algum lugar para colocar a tal porta.

Percorreu com o amigo as várias salas, chegando o civilista a perguntar se uma porta que dava para uma dispensa não serviria, mas o criminalista respondeu negativamente, pois ela não tinha saída.

O civilista ainda indagou porque não havia visto nenhuma *porta secreta* no escritório do amigo, ao que este explicou que, justamente por ser secreta, não costumava mostrá-la a ninguém.

Quando o criminalista achou que a conversa já havia ido longe demais, revelou que tudo não passara de uma brincadeira. Ambos caíram na risada e o amigo não ficou ressentido.

Mas, como falou ao final do encontro, não desistiu da ideia de iniciar-se na advocacia criminal...

3. A bomba, Obama e Trump

A jovem advogada estava fascinada com as possibilidades do *Facebook* que recém-descobrira: resgatara antigas amizades que considerava perdidas, fizera novos amigos e se comunicava com tudo e com todos.

Certo dia, recebeu de um primo, residente em Paris, a notícia de que passara por um susto no aeroporto de Londres, quando houve uma ameaça de bomba que, afinal, não se concretizou.

Curiosa em saber detalhes do ocorrido, a advogada acionou o *Google*, digitando: "Bomba Aeroporto Londres".

Imediatamente a tela de seu computador foi tomada pelo aviso de que o FBI havia detectado sua mensagem e que, a partir daí ela estaria sendo monitorada. Assustada, deletou no mesmo instante a consulta que estava fazendo.

Não é verdade, como ingenuamente alguns acreditaram, que *Obama* conhecesse todos os detalhes de nossas comunicações pessoais, ou que *Trump* venha a fazê-lo com ênfase ainda maior.

O que existe é um sofisticado sistema de informações que detecta, na internet e em redes sociais, determinadas frases e palavras-chaves, potencialmente perigosas, levando à vigilância de seus usuários.

A advogada, desde então, não voltou a viajar para os Estados Unidos e espera que, quando vier a fazê-lo, sua "curiosidade" não a impeça de conseguir um novo *visto*, já que o seu está vencido...

(*Carta Forense*, março 2017)

4. Sobre médicos e advogados

Voltaire, o grande escritor francês que reabilitou *Jean Calas*, injustamente condenado à morte e executado sob a acusação de ter assassinado em Toulouse, cidade maciçamente católica, o próprio filho, por ter este se convertido ao protestantismo, considerava a advocacia a mais bela das profissões. Uma única outra, penso, pode com ela rivalizar-se: a medicina.

Alguns de nós têm ou tiveram o privilégio de possuir em suas famílias médicos e advogados. Eu, como criminalista, tive a sorte de, durante vinte e três anos, receber lições técnicas, morais e éticas de meu pai, *Dante Delmanto*. O Desembargador paulista *Otávio Augusto de Almeida Toledo* também teve como mentor seu pai, *Antonio Augusto de Almeida Toledo*, carinhosamente chamado de *Toledinho*, que pontificou na advocacia criminal uma geração após a do meu.

Ambos igualmente tivemos parentes médicos a nos dar exemplos de abnegação e humanidade.

Aleixo Delmanto, irmão de meu pai, vivendo em Botucatu, no interior paulista, foi um grande clínico e radiologista. Formado na Itália, seu diagnóstico era tão formidável que, às vezes, ao encontrar um conhecido na rua, só pelo olhar deste, sabia que não estava bem, pedindo a ele que no dia seguinte fosse ao seu consultório.

Antonio Delmanto, outro irmão de meu pai, foi um renomado cirurgião geral, também em Botucatu. Esteta, ao operar o apêndice de uma jovem, fazia-o com tal perfeição que precisava dar apenas um ponto. Como este, após alguns anos desaparecia, um outro médico que a examinasse não acreditava que ela já tinha sido submetida àquela cirurgia.

Otávio, a seu turno, teve como avô materno o notável clínico e cirurgião *Vicente Zamitti Mammana*. Sua apurada técnica fez escola e ele deixou inúmeros discípulos. Como Secretário de Saúde, revelou-se excelente administrador e manteve ilibada sua reputação.

Homem de coragem, certo dia, no Corpo de Bombeiros de São Paulo, estando presente com outras autoridades e oficiais da corporação, inaugurava-se uma moderna cama elástica para salvar vítimas de incêndio em prédios. No último andar do edifício, entretanto, os soldados hesitavam em saltar para experimentá-la, até que o Dr. Vicente, ele mesmo, para surpresa de todos, repentinamente saltou sob calorosos aplausos.

Médico benemérito, costumava dizer que, muitas vezes, Cristo aparecia nas enfermarias dos hospitais. Advogando há 50 anos, acredito que, em algumas ocasiões, ele também apareça em nossos Fóruns e Tribunais, a humanizar a aplicação da lei penal...

(*Carta Forense*, abril 2017)

5. *Sobre celulares e* laptops

O incrível progresso tecnológico do final do século passado continua no presente. Atualmente, os celulares são verdadeiros computadores de bolso, que tudo, ou quase tudo, fazem.

Se as novidades que a todo tempo surgem são bem-vindas, por outro lado o uso dos celulares tornou-se um verdadeiro vício nacional. Crianças, adolescentes e adultos deles não largam um só instante.

As próprias conversas entre amigos e namorados deixaram de ser pessoais. Fora os danos psicológicos, ainda não avaliados, já se tornaram comuns as lesões nas mãos e pulsos, por esforços repetitivos.

Nos tribunais, os juízes não deixam por um só momento de usar seus *laptops*, mesmo quando Procuradores da República ou de Justiça, e advogados, estão com a palavra. O fato gera grande desconforto nos oradores, que têm a sensação de não estar merecendo a menor atenção.

Paulo Sérgio Leite Fernandes, vice-decano dos criminalistas paulistas, é um orador primoroso. A tal ponto que, certa vez, esgotados os quinze minutos previstos para as sustentações orais, o Presidente de uma das Câmaras Criminais do Tribunal de Justiça de São Paulo, com a concordância de seus pares, lhe disse que poderia continuar pelo tempo que desejasse.

Em outra ocasião, sustentando perante o Pleno do STF, ao ver que a então Presidente continuava usando seu *laptop*, parou repentinamente sua fala. Surpresa, a ilustre Magistrada perguntou-lhe se já havia encerrado a defesa, ao que Paulo Sérgio respondeu que, respeitosamente, estava esperando que ela terminasse sua consulta no *laptop*. A ex-presidente, mais surpresa ainda com a resposta, disse-lhe que poderia prosseguir, o que o notável causídico fez, agora com a devida e merecida atenção...

(*Carta Forense*, maio 2017)

6. O imbecil

O júri do despachante, acusado de ter sido o mandante do homicídio de um jovem que conquistara sua amante, corria otimamente para defesa, por mim exercida.

Mesmo porque, sempre negada pelo réu a autoria, sequer os executores haviam sido descobertos, sendo as provas meramente circunstanciais.

Todavia, quando após a inquirição das testemunhas de acusação e de defesa, o acusado foi interrogado, a absolvição que parecia certa sofreu um grande revés.

Talvez querendo inconscientemente mostrar que não era passional, portou-se com muita frieza e arrogância, causando péssima impressão nos jurados.

Condenado por maioria de votos, apelei, obtendo um voto favorável à anulação do julgamento. Antes que os embargos infringentes fossem julgados, o cliente, que se defendia em liberdade, mas cuja saúde já vinha há tempos se deteriorando, faleceu.

No imperdível livro de Matthieu Aron, *Les Grandes Plaidories des Ténors du Barreau* (Os grandes discursos dos tenores do foro), é descrito um caso semelhante, ocorrido em Marselha, na França.

Acusado de ter violentado e assassinado uma menor de 8 anos, ocultando-lhe o corpo, a precariedade de provas apontava para a absolvição do réu. Mas, ao ser interrogado, ele foi por demais arrogante e prepotente, acarretando visível repulsa no corpo de jurados.

Em sua defesa, o famoso advogado *Paul Lombard* disse da tribuna que, apesar da fragilidade probatória, se defrontava, no caso, com três desafios: a emocionante peroração do assistente do Ministério Público, a eloquente fala do promotor, mas, principalmente, o comportamento do acusado, cuja arrogância e prepotência o fizeram passar por uma pessoa fria, calculista e insensível que na verdade não era. E, dirigindo-se ao réu, disse-lhe com todas as letras: "Você é um imbecil"...

A ousada tática defensiva, entretanto, não surtiu efeito e o acusado, aos 22 anos de idade, foi condenado à morte pela guilhotina.

7. O revólver do promotor

À época – cerca de quarenta anos atrás – as carreiras da Magistratura e do Ministério Público em São Paulo não eram relativamente rápidas como hoje. Juízes e promotores ficavam por longo tempo no interior até chegarem, já encanecidos, à Capital.

Aqui permaneciam por anos na mesma Vara Criminal. Daí porque, se na maior parte das vezes ficavam amigos, em algumas outras se tornavam inimigos. Quando ocorria a primeira situação, o promotor, a pedido do juiz, chegava a presidir parte das audiências do dia para agilizar a pauta. Como, em algumas delas, o representante do *Parquet* era mais liberal do que o magistrado, havia advogados que não se opunham à irregular praxe.

Não foi, todavia, o que aconteceu naquela Vara. Enquanto o juiz era sério, circunspecto e de pouca conversa, o promotor era extrovertido e brincalhão. Costumava dizer que o primeiro castigo do réu, culpado ou inocente, era pagar o advogado...

Com temperamentos tão diferentes, a inimizade não demorou a aflorar. Após várias discussões, deixaram de se falar. A convivência diária aumentou a tensão, até que o promotor passou a ir às audiências armado. Chegando à sua mesa, que ficava na mesma sala da mesa do juiz, tirava a arma da cintura e, à vista de todos, a colocava em uma gaveta.

Teimosos, nenhum deles pedia transferência para outra Vara. Temendo um trágico desfecho, alguns lembravam o histórico episódio em que o Desembargador Presidente do Tribunal de Justiça da Bahia, dentro do Fórum, matou a tiros um advogado, seu desafeto. Julgado pelo Supremo, pois ainda não existia o STJ, foi absolvido pela excludente da legítima defesa.

Por sorte, naquela Vara Criminal de São Paulo o pior não aconteceu. O magistrado foi promovido, sendo designado outro em seu lugar. E o promotor, embora lá continuando, deixou de ir armado às audiências...

(*Carta Forense*, junho 2017)

8. Os atropelamentos das vacas

O empresário herdara, há quarenta anos, a fazenda perto de São Paulo que antes pertencera ao avô e ao pai. Criando gado leiteiro, cuidava dela com todo o carinho, indo lá pelo menos uma vez por mês.

Certo dia, uma vaca atravessou a cerca que separava o pasto da estrada vicinal, invadindo a pista e sendo atropelada por um ônibus. Embora não tivesse havido feridos, foi lavrado um termo circunstanciado pela contravenção de não guardar com a devida cautela animal perigoso, prevista no art. 31, *caput*, da Lei das Contravenções Penais. Apesar da cerca aparentar ter sido cortada por alguém, não foi periciada, pois o administrador da fazenda preocupou-se em repará-la imediatamente, a fim de evitar que outros animais se evadissem.

Alguns meses depois, outra vaca atravessou a cerca e adentrou à pista, sendo atropelada por um carro com dois ocupantes, cujo passageiro se feriu levemente. Este não representou criminalmente contra o motorista por lesões corporais culposas, por achar que ele não teve culpa. Todavia, novo termo circunstanciado foi lavrado, igualmente pela guarda sem cautela de animal perigoso. Mais uma vez, a cerca aparentava ter sido cortada, mas acabou não sendo periciada pela urgência em consertá-la.

O empresário, a quem defendi, garantiu que a cerca estava em perfeitas condições, suspeitando de um ex-funcionário despedido por justa causa, que prometera se vingar. Este, ouvido na polícia, negou ter feito qualquer sabotagem, alegando que já tinha alertado o ex-patrão das más condições da cerca e que ele nada fizera. Outro ex-empregado, dispensado amigavelmente, o desmentiu, declarando que a cerca era nova e estava em ótimas condições.

O primeiro termo circunstanciado foi arquivado, por entender o promotor que vaca não é animal perigoso. Já no segundo termo, outro representante do Ministério Público, pensando de forma diversa, resolveu denunciar o empresário. Antes de fazê-lo, requisitou informações sobre seus antecedentes para ver se ele fazia jus à transação penal, evitando o processo. Entretanto, como as informações demoraram a chegar, o fato prescreveu.

Por via das dúvidas, logo após o acidente com o segundo animal, o cliente resolveu fazer uma segunda cerca em toda a extensão do pasto voltado para a estrada, que, assim, passou a ter uma dupla proteção. E, ao que soube, até hoje não houve mais vacas atropeladas...

(*Carta Forense*, dezembro 2017)

9. Não cutuque a onça com vara curta

A prescrição penal é matéria de ordem pública que deve ser declarada a qualquer tempo, mesmo após o trânsito em julgado, nesse caso através de pedido junto à Vara de Execuções Criminais, *habeas corpus* ou revisão criminal.

Requerida pelas partes ou decretada de ofício pelo juiz, suas razões são de política criminal. Com o passar dos anos, as provas se perdem ou se enfraquecem, a pena deixa de ter a função retributiva, não sendo justo que a possibilidade de punição permaneça indefinidamente como uma espada de *Dâmocles* sobre a cabeça do acusado. Por outro lado, obriga os responsáveis pela persecução penal a agirem com mais presteza.

Na hipótese de crimes pouco graves, em que as penas são menores, ou em outros mais graves, nos quais, por sua complexidade, a instrução tende a ser mais longa, ou ainda quando os acusados são menores de 21 ou maiores de 70 anos, sendo o prazo prescricional reduzido pela metade, o defensor prevê sua maior probabilidade.

Não deve, todavia, transformar a prescrição em prioridade, usando de ações protelatórias que, além de mostrarem pouca confiança no mérito da causa, acabam irritando o juiz, *cutucando a onça com a vara curta...*

Lembro-me de um antigo processo, prestes a prescrever, em que faltavam ser ouvidas duas testemunhas de defesa. No dia da audiência, uma delas, que não fora intimada, não compareceu. O juiz, achando que se tratava de manobra da defesa, redesignou nova data para a semana seguinte, recomendando ao oficial de justiça que não deixasse de forma alguma de intimá-la.

O oficial, contudo, não conseguiu outra vez efetuar a intimação e, na data da nova audiência, o magistrado se mostrava irritadíssimo, dizendo-me: "Pois é, doutor, não se consegue mesmo intimar sua testemunha". Quando lhe falei que a havia localizado e a trouxera independentemente de intimação, o magistrado mostrou-se totalmente surpreso e o clima desanuviou--se por completo.

Ouvida a testemunha, como o mérito era bom, ele acabou por absolver meu cliente. Não tendo o promotor apelado, a decisão transitou em julgado. Nesse caso, certamente *não cutuquei a onça com vara curta...*

(*Carta Forense*, setembro 2017)

10. Os cálculos do agiota

Quando um empresário, não tendo mais crédito bancário, procura um agiota, é o começo do seu fim. Embora os juros dos bancos sejam altíssimos, os dos usurários os superam em muito, sendo escorchantes.

Foi o que aconteceu, há muitos anos, com o dono de tradicional e conceituada fábrica de móveis. Não querendo, por orgulho, requerer a concordata da empresa que herdara do pai, optou por procurar um conhecido agiota. Este, em troca do dinheiro que lhe emprestava em espécie, exigia dele cheques pré-datados com valores acrescidos dos juros.

Depois de algum tempo, o industrial não mais conseguiu honrá-los e o agiota, além de protestar os títulos, requereu a instauração de um inquérito policial por emissão de cheques sem fundos, alegando que eles eram para pagamento à vista. Concluída a investigação, foi o empresário denunciado.

Assumindo sua defesa com meu pai, *Dante Delmanto*, conseguimos demonstrar, pela sequência, datas e anotações dos canhotos dos cheques emitidos, que eles eram realmente pré--datados, o que descaracterizava sua natureza penal, conforme pacífica jurisprudência.

E mais: quando, ao ser ouvido em juízo, o usurário negou a

cobrança de juros ilegais, apresentei alguns cálculos que ele costumava fazer à mão em tiras de papel e que esquecera em poder do industrial. Não podendo negar a autoria deles, restou desmoralizado na audiência.

Ao absolver o sofrido empresário, o juiz requisitou a instauração de inquérito para que o agiota fosse investigado pelo crime de usura previsto na antiga Lei de Economia Popular, ainda em vigor.

Fez-se neste caso, sem dúvida, a esperada, embora nem sempre alcançada, Justiça...

11. *Os caipiras-advogados*

Durante alguns anos tive uma pequena fazenda em Cunha, no interior de São Paulo. Charmosa cidade, com povo amável e gentil, importante polo ceramista, fica em magnífica região montanhosa, com lindas cachoeiras e natureza intocada. Só vendi a fazenda por haver me convencido de que não tinha vocação para ser fazendeiro.

Vizinha a Cunha fica Paraty, no Estado do Rio, tombada pela Unesco. A estrada que liga as duas cidades, antiga rota do ouro que vinha de Minas Gerais, é belíssima, mas até há pouco tempo, só se encontrava parcialmente pavimentada. O trecho de terra costumava ser péssimo e em certas épocas do ano, intransitável.

Certa vez, meu filho e sócio de escritório, *Fabio*, e sua namorada de então, informados de que a estrada estava em boas condições, decidiram ir até Paraty em um dos jipes Ford-Willians que possuíamos, para lá passar o dia. Eu e minha mulher resolvemos ir juntos, no outro jipe.

Ao contrário do informado, a parte de terra estava com muita lama e um dos jipes atolou. Para desatolá-lo, ficamos os quatro completamente sujos de barro.

Ao chegarmos a Paraty, estacionamos os dois jipes na praça principal. A cena era dantesca, sendo difícil dizer quem ou o que estava mais enlameado: os jipes ou nós, não havendo condição de entrarmos em qualquer restaurante.

Foi aí que escutei um morador, olhando em nossa direção, dizer para outro: "É por causa desses caipiras que a estrada não pode ser pavimentada, senão vêm todos para cá".

Por sorte, um ex-cliente nos reconheceu e, chamando-nos em voz alta de "meus queridos doutores", nos levou até a sua casa de praia, onde pudemos nos limpar e almoçar, retornando a Cunha por outra estrada, também antiga, mas pavimentada, a Oswaldo Cruz.

Naquele dia, fomos dois caipiras-advogados...

12. Os loteamentos

O jovem médico, bonito e charmoso, além de fazer muito sucesso entre as mulheres, começava a se destacar na obstetrícia, especialidade na qual acabara de terminar a residência.

Quando conheceu a filha única de um grande empresário, dono de alguns dos melhores loteamentos do Estado de São Paulo, moça igualmente bela e elegantíssima, a paixão foi imediata, com os dois casando-se alguns meses depois e constituindo família numerosa.

Quando o sogro faleceu, deixou como herança dois grandes loteamentos que possuía perto da capital. O médico de imediato largou a profissão para se dedicar à sua verdadeira paixão: a criação de pastores-alemães. Sócios da loteadora em partes iguais, ele e a mulher passaram a comercializar os lotes, vivendo da venda deles como se fossem intermináveis.

Até que, depois de algumas décadas, a "bomba" estourou. Antigos compradores que não haviam registrado suas aquisições começaram a aparecer, reivindicando seus terrenos. Descobriu-se, então, que dezenas deles haviam sido revendidos a terceiros nos últimos anos.

Como o médico e a esposa tinham poderes de gerência, após um inquérito policial foram ambos denunciados por estelionato.

Revoltada com o marido, a quem responsabilizava pelos desmandos, a mulher se separou dele.

Cavalheiresca e eticamente, durante a instrução judicial o médico reconheceu que a esposa jamais participara, de fato, da administração da empresa. Mas também alegou inocência, explicando que, como se dedicava à criação de cães em tempo integral, quem realmente administrava a firma era um antigo gerente recentemente falecido, que lá trabalhava desde a época do sogro, e a quem cabia o controle das vendas. Embora não fosse sócio, esse gerente tinha participação nos lucros da empresa, daí porque, sem o conhecimento do médico e da esposa, passara a revender os lotes.

Com o testemunho de outros funcionários e o exame grafoscópico feito nos livros em que as vendas eram anotadas, que confirmou a caligrafia do gerente, o médico e a mulher foram absolvidos.

O pouco que restara do patrimônio do ex-casal foi partilhado e o médico, como já não houvesse mais nenhum lote para ser vendido, foi trabalhar na clínica de obstetrícia do marido de uma irmã. Mesmo após tantos anos longe da profissão, com seu talento e simpatia, em pouco tempo amealhou boa clientela, gabando-se, inclusive, de operar melhor e mais rapidamente do que o cunhado...

13. *A prima do cliente*

O jovem industrial, acompanhado de uma prima, advogada trabalhista, me procurou. Já conhecia ambos do clube que frequento: ele, por ser amigo de um dos meus filhos; ela, de vista. Desconfiando que um gerente estivesse desviando recursos, mandou gravar as ligações telefônicas da empresa. As gravações comprovaram a ocorrência de desfalques e o gerente foi despedido por justa causa.

Em represália, ele requereu a instauração de um inquérito policial, acusando o ex-patrão do crime de interceptação de comunicação telefônica, punível com pena de dois a quatro anos de reclusão. O inquérito foi instaurado e, agora, o industrial está sendo intimado para depor. Tranquilizei-o, dizendo que, a meu ver, ele não cometera qualquer delito, pois apenas gravara os telefonemas da própria empresa e para se defender.

Em atenção à sua amizade com meu filho, não cobrei a consulta. O industrial não me contratou e a prima o acompanhou à Delegacia, onde ele depôs. Algum tempo depois, o inquérito foi arquivado.

Embora os ex-clientes dos criminalistas, mesmo que defendidos com sucesso, em geral não gostem de reencontrá-los – certamente para não lembrar os momentos difíceis por que passaram e as confidências feitas –, o jovem industrial foge à regra: sempre que nos encontramos me cumprimenta com um largo sorriso, demonstrando sua gratidão.

Já a prima, que não mandara fazer qualquer gravação e somente acompanhara o industrial ao meu escritório, quando nos cruzamos finge não me reconhecer, deixando de cumprimentar-me. Coisas do ser humano, cujo comportamento, bem ou mal, sempre nos surpreende...

14. O cliente que não dormia e a sorte dos réus

Meu pai *Dante Delmanto* costumava dizer que, ao ser consultado por um acusado, o criminalista não deve iludi-lo, mas também não pode deixá-lo sem esperança, porque, desesperado, ele poderia até atentar contra a própria vida...

Lembro-me de um antigo vizinho, já falecido. Acusado injustamente pelo sócio, um grande empresário, de tê-lo lesado, entrara em desespero. Não só pela possibilidade de ter contra si um inquérito policial, mas também por ver ruir, pela quebra de confiança, o empreendimento que ambos haviam planejado e no qual ele injetara grandes recursos.

Como eu era muito moço e ele mais velho, em vez de atendê-lo quando me procurou em minha casa, sugeri que consultasse meu pai em nosso escritório.

Depois de fazê-lo, ao me reencontrar, ele disse: "Roberto, eu não dormia há mais de dez dias, mas depois que falei com seu pai finalmente consegui dormir"... Não sei se a consulta foi cobrada, mas, sem dúvida, seu valor terá sido inestimável.

A propósito, havia um promotor que falava, brincando, que o primeiro castigo do réu, culpado ou inocente, era pagar o advogado...

Com culpa ou sem, a verdade é que a sorte dos acusados depende muito da distribuição dos feitos, com qual o juiz ou câmara seu processo vai cair.

No passado, o Tribunal de Justiça de São Paulo possuía apenas duas turmas criminais. Enquanto uma delas só tinha desembargadores muito severos, sendo apelidada de "câmara de gás", a outra era composta de desembargadores todos liberais, sendo chamada de "câmara da esperança"...

Atualmente, nos tribunais de justiça estaduais e nos tribunais regionais federais – que julgam o mérito dos processos – a situação por vezes continua se repetir.

O ideal seria que a composição das câmaras fosse mais equilibrada, porém dá para entender: os juízes mais liberais não se sentem bem na companhia de colegas muito rigorosos e preferem permanecer nas turmas em que estão ou para elas pedir transferência. E vice-versa: os mais severos, preferem continuar junto aos colegas que têm o mesmo perfil.

Mas há um detalhe: os juízes mais rigorosos costumam ser mais moralistas. Recordo-me de um julgamento que assisti há muitos anos, em que a defesa sustentava a tese de homicídio privilegiado cometido sob o domínio de *violenta emoção*, para um acusado que matara o amante da mulher ao surpreendê-los juntos.

Enquanto o relator, dos mais liberais, negava o pleito por entender que, ao ir buscar uma arma, o réu não agira *logo em seguida* à injusta provocação da vítima, como requer a lei, o revisor, juiz severíssimo, passando por cima do texto legal, reconhecia o privilégio, votando pela redução da pena.

Coisas, sem dúvida, da falha justiça humana...

15. O acordo

No sistema legal brasileiro, o defensor e o promotor pouco conversam fora dos autos, na área criminal. Ainda hoje, apenas se falam quando do oferecimento de transação penal, de suspensão condicional do processo, ou, ainda, no caso de delação premiada, ocasiões em que o advogado deve discutir com o representante do Ministério Público as condições propostas, para bem avaliá-las e aconselhar o cliente a aceitar ou não.

Antigamente, quando tais institutos não existiam, só conversavam no dia do júri, antes do seu início, na busca de uma eventual tese comum. Mas era preciso cuidado.

Em um julgamento, com promotor e advogado de defesa experientes, o primeiro concordou com o segundo que, embora tivessem existido indícios de autoria do homicídio que justificaram a pronúncia do acusado, para uma condenação não havia prova concreta, idônea e suficiente. Tal posicionamento, quando ocorre, dignifica a conduta do *Parquet* na condição de defensor da sociedade, pois, como o próprio nome diz, ele é promotor de justiça, ou seja, um *promovedor* da Justiça...

Após chegarem a tal consenso antes do júri começar, confiantes no alto conceito que desfrutavam no antigo I Tribunal do Júri de São Paulo, ambos, naquele dia, acharam que não necessitavam fundamentar em Plenário, com detalhes, o acordo a que haviam chegado.

Falaram brevemente, sem adentrar muito à prova dos autos. O promotor pediu a absolvição e o defensor, após elogiá-lo, endossou o pedido.

Ao se apurarem os votos na sala secreta, todos, inclusive o juiz presidente, tiveram a maior surpresa: por expressiva maioria, os jurados condenaram o réu. Certamente, não se haviam convencido do acerto e, talvez, da lisura do acordo.

O *causo* entrou para o anedotário forense e, ao que consta, não mais se repetiu. A partir de então, nas vezes em que chegam a um consenso, acusação e defesa não deixam de bem explicar aos juízes de fato a razão da tese em comum...

16. O relógio

O escritório de um advogado criminal deve, na medida de suas possibilidades, ser bem mobiliado, equipado e agradável. Afinal, depois de sua casa, é o lugar em que ele passa mais tempo. Por outro lado, causará boa impressão aos clientes que o procurarem, dando a eles, em geral aflitos, uma sensação de segurança e tranquilidade.

Mas meu pai *Dante Delmanto*, fundador de nosso escritório em 1935, dizia que o advogado deveria evitar a ostentação, até para que o cliente não achasse que estava pagando por ela...

Sempre seguimos essa diretriz. A única exceção era um belo relógio de mesa, da conceituada marca *Jaeger-LeCoultre*, decorado com motivos chineses. Sua particularidade era não necessitar dar corda, sendo movido pelo próprio ar do ambiente. Ficava em uma mesa na *antessala da esperança*, como chamamos nossa sala de espera, pois o criminalista nunca deve deixar de dar alguma esperança ao cliente... A mesa onde estava o relógio ficava, imprudentemente, próximo à porta de entrada e a uma janela que dava para a saída da garagem.

Um novo cliente, bem recomendado por amigos, vinha frequentando o escritório. Ainda não havíamos contratado a causa, até que uma manhã ele apareceu portando uma maleta grande.

Não ficamos sabendo seu conteúdo. Depois de almoçar com meu filho *Roberto*, ele retornou ao escritório, indo embora após algum tempo. Só no final da tarde, ao fechar o escritório, demos pela falta do relógio.

As suspeitas recaíram, é lógico, sobre o cliente. Mas, respeitando a máxima romana *in dubio pro reo* (na dúvida, pelo réu), de nada lhe acusamos.

A solução encontrada foi *salgar* nos honorários, que ele aceitou e pagou corretamente, compensando a perda do relógio...

17. O compromisso da testemunha

O advogado de defesa não deve pedir a uma testemunha que falte com a verdade. Embora o crime de falso testemunho seja de *mão própria*, não admitindo coautoria, pode existir, no entender de parte da jurisprudência, participação moral.

Mas discussão jurídica à parte, tal conduta configura falta ética, a ser apurada pela OAB.

O defensor, todavia, não está impedido, legal ou eticamente, de falar com uma testemunha que o cliente haja indicado ou que ele, advogado, saiba ter conhecimento dos fatos ou dos antecedentes destes.

Ao contrário, tem a obrigação de fazê-lo, pois, a meu ver, trairia seu dever profissional se arrolasse uma pessoa sem saber se o depoimento iria prejudicar seu constituinte...

Contudo, é necessário cautela, só arrolando uma testemunha de má vontade ou hostil quando for absolutamente imprescindível.

Foi o que aconteceu naquele júri. O cliente indicou-lhe uma testemunha e o defensor foi falar com ela, verificando que esta não queria depor. Mesmo assim, achando que seu testemunho seria importante por ser morador do local dos fatos, arrolou-a para depor em plenário.

No dia do julgamento, iniciada a sua oitiva, às perguntas feitas pelo juiz, que à época inquiria em primeiro lugar, a testemunha dizia nada saber do ocorrido e, entre uma resposta e outra, olhava o relógio.

Dada a palavra ao defensor, este insistiu em tentar arrancar algo do depoente que beneficiasse o acusado, mas ele continuava a desconversar, olhando sempre para o relógio.

Concedida a palavra ao promotor, que ficara curioso em saber o motivo da defesa ter arrolado uma testemunha que, afinal, dizia nada saber de relevante, começou a reperguntá-la.

Até que, em determinado momento, a testemunha, após olhar pela enésima vez para o relógio, desabafou dizendo: "Eu não queria vir depor, pois tinha um compromisso inadiável para hoje. Mas, *já que perdi a hora* e os senhores insistem tanto, vou dizer tudo que vi...".

E prestou, então, um depoimento contundente e rico em detalhes, derrubando por completo a tese de legítima defesa do advogado e levando à condenação do cliente.

(*Carta Forense*, agosto 2017)

18. O advogado árabe

O casal, de origem libanesa, vinha se desentendendo há tempos. Nessas ocasiões, o marido, homem violento, costumeiramente agredia a esposa. Por causa dos filhos pequenos, ela, entretanto, não dava queixa.

Certo dia, na iminência de ser novamente agredida, a mulher saiu do apartamento e entrou no elevador, pretendendo descer para o térreo e pedir socorro. O marido, armado, a perseguiu, conseguindo entrar no elevador. Ambos lutaram pela posse da arma, que disparou atingindo mortalmente a vítima, enquanto a esposa fugia.

No auge profissional, meu pai *Dante Delmanto* foi procurado, no mesmo dia, pela família da acusada, na parte da manhã, e pelos familiares da vítima, no período da tarde. Embora estes fossem mais abonados, por razões éticas, ficou com a defesa da mulher, para a qual fora contatado primeiramente.

O inquérito revelou um dado curioso: no elevador, junto ao corpo do marido, que demorou a ser socorrido e, segundo a necropsia, não teve morte imediata, foram encontrados o revólver e um cigarro parcialmente consumido. Pericialmente, foi aventada a possibilidade dele, no momento em que armado perseguia a esposa, não estar fumando; mas, fumante inveterado que era, ter aceso o cigarro depois de ferido, enquanto aguardava socorro.

Três dias antes do julgamento, como permite a lei, meu pai, para demonstrar a agressividade do marido, juntou aos autos fotografias deste em uma festa de aniversário de um dos filhos, portando na cintura um revólver.

No júri, não podendo negar as fotos que eram mais de uma e muito nítidas, o conceituado Assistente da Acusação, também de origem libanesa, tentou justificá-las dizendo que portar armas era um costume árabe.

Foi quando meu pai, em aparte ao colega, disse: "Vossa Excelência me perdoe, mas nós somos amigos há muitos anos e eu nunca o vi armado...".

Nesse júri a acusada foi absolvida pela excludente da legítima defesa.

19. A testemunha de casamento

O fazendeiro, descendente de italianos, alcançara grande sucesso na agricultura. Muito sociável, tinha uma roda de amigos, todos na faixa dos quarenta anos, entre os quais um advogado e um conceituado desembargador.

O advogado era o único integrante solteiro do grupo. Frequentando a casa do fazendeiro, veio a apaixonar-se pela bela filha deste, uma jovem de cerca de vinte anos.

Correspondido por ela, manifestaram ao pai dela a intenção de se casar. Este não aprovou o casamento. Achando que o amigo *traíra* sua confiança, com ele rompeu relações.

O casal decidiu, então, casar-se contra a vontade do pai da jovem. Para dar mais respeitabilidade ao enlace, o advogado convidou o amigo desembargador para ser o padrinho, o que este de bom grado aceitou.

O pai da moça, contrariado, não compareceu à cerimônia religiosa. Após esta, o padrinho desembargador sugeriu aos noivos que fossem até a casa do pai dela para pedir sua benção.

Aceita a sugestão, lá foram os três até a residência. Quando o fazendeiro os viu, não teve dúvidas: pôs todos *para correr,* inclusive o desembargador...

Sogro e genro nunca mais se falaram. Passados alguns anos, todavia, a filha e o pai se reaproximaram, e o filho dela, fruto daquele casamento não aceito, quando moço tornou-se um grande amigo e o braço direito do avô.

Coisas da vida e do destino, que sempre nos ensinam...

20. Entre o hotel e o sanatório

Campos do Jordão, incrustada na Serra da Mantiqueira, chamada de "a Suíça brasileira", é famosa pelas suas belíssimas paisagens e pela excelência de seu clima. Até meados do século passado, a cidade era dividida entre hotéis de lazer e sanatórios para tratamento da tuberculose. Naqueles, logo que chegavam, os hóspedes eram examinados por um médico e submetidos ao raio-x. Caso este apontasse sinais da doença, a pessoa não era aceita.

Quando a esposa do conceituado criminalista adoeceu, ele comprou uma casa na estância e para lá se mudou com a família, vindo semanalmente a São Paulo para trabalhar. Completamente curada em pouco tempo, ela, todavia, não mais se acostumou com a poluição paulistana. A família continuou em Campos do Jordão, assim como a rotina do marido, até se aposentar.

Outro advogado, desejando conhecer a cidade, em um mês de julho reservou um quarto no magnífico Grande Hotel. Na data aprazada, o causídico teve um imprevisto no escritório e a mulher resolveu viajar com os dois filhos pequenos, ficando o esposo de ir no dia seguinte. Foi explicado a ela que, ao entrar na cidade, o hotel ficava à esquerda da avenida principal, tratando-se de um grande prédio branco de três andares.

Ao chegar no bairro de Abernéssia, logo visualizou uma construção com aquelas características e adentrou em seus jardins. No estacionamento, viu uma moça de branco, depois mais outra e uma terceira. A princípio pensou serem babás e ficou feliz de haver tantas crianças no hotel, com quem seus filhos pudessem brincar.

Quando enxergou um senhor também de branco, estranhou e resolveu perguntar se ali era o hotel, tendo lhe sido dito que se tratava do Sanatório Sírio e que o Grande Hotel ficava mais adiante, no bairro de Capivari. Bastante aturdida, a jovem senhora para lá se dirigiu, encontrando o hotel.

Atualmente, com a tuberculose sendo tratada com antibióticos, restou em Campos do Jordão um único sanatório, os hotéis não mais exigem exame médico e o Grande Hotel, totalmente reconstruído pelo SENAC como hotel-escola, além de continuar belíssimo, não mais corre o risco de ser confundido...

(*Carta Forense*, julho 2017)

21. Os queijos e a 1ª classe da Air France

O advogado e a esposa adoram Paris, a mais charmosa cidade do mundo, para lá viajando anualmente.

Ao retornar ao Brasil costumavam comprar no *free shop* do Aeroporto *Charles De Gaulle* diversas iguarias, como caviar, patês e, principalmente, queijos dos mais variados tipos que, bem acondicionados, suportavam sem qualquer problema a longa viagem.

Nos dias seguintes ao seu regresso eles convidavam alguns amigos privilegiados, entre os quais eu e minha mulher, para uma maravilhosa degustação, acompanhada de ótimos vinhos, também franceses.

Certa ocasião, depois de colocarem as compras no bagageiro que ficava sobre seus assentos na 1ª Classe da *Air France*, em que sempre viajavam, o voo seguia tranquilamente em verdadeiro *céu de brigadeiro*.

Sem a mínima turbulência, o casal logo adormeceu. Na metade da viagem, contudo, foram despertados pela reclamação de outros passageiros, que se queixavam à tripulação de estar sentindo um mau cheiro intenso. A aeromoça perfumava o ambiente, mas o forte odor não desaparecia.

O advogado e a esposa logo perceberam que a causa eram seus queijos, cuja embalagem devia ter se rompido. Discretamente, ele se levantou e retirou do bagageiro a sacola em que os queijos estavam embalados e dirigiu-se ao toilete. Lá, abriu os queijos, partiu-os em pequenos pedaços e os jogou, um a um, no vaso sanitário.

Pouco a pouco o cheiro, *como por milagre*, foi desaparecendo, a maioria dos passageiros, inclusive o casal, voltou a adormecer e a viagem prosseguiu tranquila até o Aeroporto de Guarulhos.

Só que a partir daquele ano, para tristeza dos habituais convidados, não houve mais queijos na tradicional degustação...

22. A cremação do delegado

O português, embora seja uma língua belíssima – como nos mostram Camões, Fernando Pessoa e, entre nós, Lygia Fagundes Telles, a maior das escritoras brasileiras – não é fácil de ser falado e escrito corretamente.

O sotaque não é diferente só em Portugal ou em países da África de colonização lusitana. No Brasil, país continental, ele varia conforme a região, parecendo não ser a mesma aquela língua falada, por exemplo, nos estados do Rio Grande do Norte e do Rio Grande do Sul.

No Nordeste é comum colocar-se advérbio *não* depois do verbo. Daí, dizem, o insucesso daquele técnico de futebol da região que veio para São Paulo, pois, quando dizia "chuta não", o jogador paulista já havia chutado...

Mais difícil ainda é o ato escrever, devendo-se, de preferência, ser conciso, objetivo e, principalmente, claro. Como se diz na França, se não é claro, não é francês...

Certo advogado, ao requerer ao Delegado, em nome da família de uma vítima de homicídio, autorização para cremar o corpo, quis fazê-lo de forma mais elegante.

Resolveu inverter as palavras, e, em vez de pedir autorização do delegado para cremação da vítima, acabou por solicitar "autorização *para cremação do Delegado* que atendeu à ocorrência".

Este, que além de bem vivo, gozava de ótima saúde, caiu na risada.

Mas a petição, que conservo entre meus "guardados", entrou para o anedotário forense...

23. O coruja

O policial, famoso pela rapidez com que solucionava casos de autoria desconhecida, era, na verdade, um torturador que, nas delegacias em que trabalhava, agia na calada da noite. Daí porque tinha o apelido de *Coruja*, ave que costuma aparecer no período noturno...

Morando na mesma casa há muitos anos, durante alguns meses, em virtude da sua reforma, tive de me mudar para um apartamento.

O prédio ficava do lado de um distrito policial, o que dava aos moradores uma sensação de segurança.

Logo nas primeiras noites, entretanto, fui acordado pelo barulho de uma máquina girando, seguida de gritos lancinantes. De imediato percebi que se tratava de eletrochoques dados em alguém normalmente pendurado em um "pau de arara", com uma pequena máquina ligada a uma bateria e acionada por manivela.

À época, a Secretaria de Justiça tinha como titular um eminente advogado. Comuniquei-lhe o que estava acontecendo e, dias depois, o barulho da "maquininha" e os gritos cessaram.

O *Coruja* havia sido afastado; não sei se foi investigado e punido.

A tortura, certamente o mais grave dos crimes contra os direitos humanos, que teve seu ápice nas ditaduras getulista e militar, infelizmente continua nos dias atuais. E, em geral, atingindo os mais humildes e desamparados...

24. A canseira

Recém-formado e conseguindo ser aprovado na OAB de São Paulo logo na primeira tentativa, com dois colegas da faculdade o advogado abriu um escritório.

Com as naturais dificuldades de todo início de carreira, não recusava causas em qualquer área do direito, até mesmo para receber honorários somente a final ou se lograsse êxito.

Acabou aceitando fazer uma defesa criminal em cidade do norte do Paraná. Com as constantes idas para lá, conheceu a filha de um rico fazendeiro.

Apaixonaram-se, passaram a namorar e, bem recebido pela família da moça, ficaram noivos. Só que, após algum tempo, veio a rotina e o advogado se desinteressou pela noiva. Não mais queria se casar com ela.

Mas a essa altura, já ficara sabendo da fama de violento do futuro sogro. Se, como dizia um político nordestino, filha sua não ficava separada ou divorciada, apenas viúva, o fazendeiro provavelmente não deixaria a filha tornar-se uma noiva abandonada... Com medo, teve a ideia de levar a própria moça a romper com ele.

Tornou-se um chato, alegando sempre cansaço e não querendo sair nem fazer nada, a não ser ver televisão, de preferência futebol. Até que, depois de alguns meses, a noiva, não aguentando mais tanta chatice, desmanchou o noivado. Tendo a decisão de romper sido da filha, o pai não pôde reclamar com ele.

Como o jovem advogado me disse depois, com sucesso, havia dado nela uma "canseira"...

25. O atestado

O empresário e desportista, com alta reputação em seu meio, fora gravemente ofendido por um desafeto em entrevista a um jornalista e, depois, através de um programa de televisão.

Não teve outra alternativa senão processar por difamação o ofensor, propondo queixa-crime contra ele, que foi distribuída à Vara Criminal de um Foro Regional de São Paulo.

Designada audiência preliminar para tentativa de conciliação, nesse ínterim a saúde do empresário, que já tinha problemas cardíacos, piorou.

Não podendo comparecer à audiência designada, juntei um atestado médico justificando sua ausência, mas ponderei ao juiz que ele, de acordo com farta jurisprudência, não tinha obrigação legal de estar presente, representado que estava por advogado.

Na mesma oportunidade, em petição assinada pelo cliente juntamente comigo, ele adiantou ao magistrado que, em face da gravidade das ofensas recebidas, não desejava reconciliar-se com o seu detrator, pedindo a continuidade do feito.

O juiz, entendendo ser necessário seu comparecimento, designou outra data.

No dia da nova audiência, como a saúde do empresário não melhorara, insisti na desnecessidade de sua presença, anexando outro atestado médico subscrito por seu cardiologista, em respeito ao juízo.

O especialista, ao redigi-lo, embora sendo fiel ao estado de saúde do paciente, o fez com tantos pormenores que o empresário, ao lê-lo, por pouco não enfartou, desabafando comigo: "não pensei que o meu estado fosse tão grave...".

Ou seja, ao justificar sua ausência a uma audiência para não perder a queixa-crime, que o juiz poderia julgar perempta extinguindo a punibilidade do querelado, o querelante por pouco não perdeu a vida. Mas seu não comparecimento acabou sendo aceito pelo magistrado, que realizou a audiência sem a sua presença.

26. O barbeiro e a recusa

Antes de ingressar na vida pública, Tancredo Neves foi promotor em Minas Gerais, tornando-se conhecido por sua notável oratória.

Candidato ao governo mineiro, percorria várias cidades quando, antes de discursar em uma delas, lembrou-se que precisava fazer a barba.

Entrando em uma barbearia, o barbeiro gentilmente o atendeu. Após ensaboar-lhe o rosto, afiou com capricho a navalha, que à época se usava em vez da gilete, na cinta de couro que costumava ficar presa à cadeira.

E, quando começou a fazer-lhe a barba, perguntou a Tancredo: "O senhor não se lembra de mim? O senhor foi o promotor naquele júri de São João Del Rey em que eu fui condenado por homicídio a 18 anos".

Tancredo, que não o reconhecera, imóvel, começou a suar frio. Foi aí que o barbeiro, continuando a barbeá-lo com todo cuidado, calmamente falou: "Que belo discurso o senhor fez naquele dia!". Estava regenerado...

Na preparação da campanha ao Governo de Minas Gerais, Tancredo convidou seu advogado de muitos anos e grande amigo para coordenar os projetos na área da Justiça. Eleito, todos tinham certeza que o advogado seria o Secretário daquela pasta.

Ético, ele preferiu se afastar, aguardando o chamado do Governador. Este, contudo, foi preenchendo as várias Secretarias e postergando a da Justiça.

Certo dia, não aguentando mais tanta espera, o advogado foi procurá-lo. Afinal, a dúvida de ser ou não nomeado começava a prejudicar sua banca de advocacia.

Tancredo lhe explicou que ele era o primeiro Secretário que queria ter nomeado, mas como precisava de maioria na Assembleia Legislativa, teve de adiar sua nomeação. E, justo agora que ia nomeá-lo, para garantir a hegemonia junto aos deputados estaduais, necessitava de seu cargo e teria de nomear outra pessoa.

Diante da decepção do amigo, Tancredo, com a conhecida matreirice mineira, consolou-o, dizendo: "Como a imprensa está aí fora, você pode falar aos jornalistas que eu o convidei, mas você recusou...".

27. O mais político dos mineiros

O advogado e deputado federal *José Maria Alkmin* (pronuncia-se Alkmín) foi uma figura lendária da política mineira. No século passado, durante décadas, influenciou sobremaneira os governos estadual e federal. Inteligente, sagaz e hábil estrategista, era sempre consultado por seus pares, aos quais apontava soluções brilhantes nunca imaginadas.

Suas convicções democráticas não o impediram de aceitar o cargo de Vice-Presidente da República no primeiro governo militar presidido por Castelo Branco. Mas quando a ditadura, a partir do AI5, tornou-se mais violenta, dela se afastou. Sua imagem política não restou, assim, maculada, sendo até hoje lembradas suas espirituosas "tiradas"...

Em plena campanha ele encontra o filho de um antigo correligionário e pergunta: "Como está seu pai?". O jovem, surpreso, responde: "Mas, Dr. Alkmin, meu pai morreu há 5 anos". Ao que Alkmin, de pronto, rebate: "Morreu para você, seu filho ingrato; para mim ele continua vivo!".

Nas vésperas de um pleito, outro correligionário se aproxima e pede: "Dr. Alkmin, será que o senhor podia me ajudar? Minha mulher vai dar à luz no mês que vem e eu estou desprevenido". Ao que Alkmin, que tinha fama de *pão-duro*, responde: "Se você que sabe há oito meses está desprevenido, imagine eu que estou sabendo agora!".

Como advogado, o bom humor também nunca o abandonou, mesmo nas situações mais embaraçosas.

Certa vez, no início da carreira, defendendo no júri um acusado de homicídio, este foi condenado a 8 anos de prisão. Inconformado, Alkmin apelou já no dia seguinte. O promotor, no último dia do prazo, igualmente apelou, e o Tribunal de Justiça, julgando as duas apelações, aumentou a pena para 14 anos.

Ao visitar o cliente na cadeia, este reclamou: "Dr. Alkmin, se o senhor não tivesse apelado, o promotor também talvez não o tivesse feito. Agora, em vez de 8 anos, eu vou ter que cumprir 14!".

Foi aí que Alkmin, com toda fleuma, falou: "Mas não são 14 anos tudo assim de uma vez, mas um mês, depois outro, depois outro...".

28. A sustentação oral que não houve

Embora criados juntos e com pouca diferença de idade, os dois irmãos, de ascendência libanesa, nunca se deram bem. A inimizade, que começou ainda na infância e se agravou na adolescência, tornou-se definitiva na idade adulta, quando deixaram de se falar.

Ambos empresários, acabaram se desentendendo quanto a uma herança familiar. Certo dia, depois de uma discussão, o mais velho, que era de físico bem mais avantajado que o menor, partiu para a agressão dando uma surra neste.

Embora não houvesse testemunhas da lamentável cena, o agressor foi indiciado em inquérito policial e depois condenado em primeira instância por lesões corporais. Apelou para o Tribunal de Justiça pleiteando sua absolvição por insuficiência de provas.

No dia do julgamento, ao me ver de beca, o Desembargador Relator, Juiz Substituto de Segundo Grau que não me conhecia, aproximou-se e pensando que eu fosse o advogado do apelante, disse-me que eu não precisaria sustentar, pois em conversa com seus pares haviam decidido absolvê-lo.

Quando falei que era assistente do Ministério Público, o Relator, surpreso e sem graça, desculpou-se pelo equívoco, insistindo para que eu ainda assim sustentasse. Obviamente não sustentei, me retirando, uma vez que a causa já tinha sido decidida...

29. A ONG *familiar*

O saudoso amigo, alegre e otimista, além de ótimo chefe de família, era um excelente administrador de empresas. Teve sempre bons empregos, inclusive, por muito tempo, o de gerente geral de conhecido hotel de Brasília.

Nos últimos anos, entretanto, com dificuldade em obter novos trabalhos, montou uma ONG na periferia de São Paulo, destinada à reciclagem de papéis, na qual empregava cerca de dez pessoas.

Certo dia, nas proximidades da ONG, sem ter qualquer culpa, colidiu seu carro com outro, não tendo, contudo, se ferido. O motorista do segundo veículo, que também não aparentava ter sofrido qualquer lesão, admitiu ser culpado. Como os danos eram de pequena monta, combinaram que cada um assumiria os seus e se retiraram.

Algum tempo depois, o cidadão que com ele colidira arrependeu-se do combinado e procurou uma delegacia, alegando ter se ferido levemente e acusando-o de haver se evadido do local sem prestar-lhe socorro.

O amigo procurou-me para defendê-lo no inquérito instaurado e acabamos por encontrar uma testemunha que confirmava sua versão: não tinha tido culpa, o outro motorista não aparentava ter se ferido e ele não se evadira.

Antes de pleitear o arquivamento da investigação, achei que era interessante mostrar ao promotor que analisaria o caso a importância social do trabalho que ele realizava, evidenciadora do caráter de alguém que jamais se evadiria sem socorrer um ferido.

Perguntei-lhe, então, quais eram as entidades beneficentes que a ONG ajudava, tendo ele, para minha surpresa, respondido que nenhuma. Explicou-me que, como lucrava pouco, dava apenas para pagar os salários dos empregados e sustentar a sua própria família. Era, portanto, uma ONG familiar...

Não pude, assim, fazer a prova que pretendia, mas o inquérito, mesmo sem ela, foi com justiça arquivado.

30. O pai adotivo

Jamais imaginara que um pai adotivo pudesse ter mais amor pelo filho do que um pai biológico, até reencontrar um ex-colega de ginásio, escrevente judiciário.

Ele e a esposa, uma engenheira, não tendo tido filhos, resolveram adotar um, o sétimo de uma mãe absolutamente carente.

Desde a mais tenra idade deram tudo ao menino adotado: ótimos médicos e dentistas, as melhores roupas, boas escolas particulares. E, principalmente, muito carinho. Até a adolescência tudo parecia ir bem com o garoto. A partir dos quatorze anos, sem um motivo aparente, enveredou, entretanto, para a criminalidade, passando, mais de uma vez, pela antiga Febem.

Na semana em que atingiu a maioridade, envolveu-se em nada menos do que quatro assaltos, sendo em um deles preso em flagrante e noutro tendo sua prisão preventiva decretada. Era como se odiasse a tudo e a todos. Condoído com a situação do pai, que me procurou, assumi sua defesa. A dedicação dele ao filho era comovente, comparecendo semanalmente ao escritório para saber se havia alguma novidade. Certa vez, ao lhe dizer que nunca vira tanto amor em pais biológicos, ele me respondeu que os filhos deles não tinham sido escolhidos, enquanto o seu o fora.

Após muita luta, consegui sua liberdade provisória. Pouco tempo depois, todavia, ele se envolveu em outro roubo, sendo mais uma vez preso em flagrante. Falei ao pai que não o defenderia nesse novo caso, apenas podendo continuar a representá-lo nos anteriores, como o fiz. Quando o escrevente repentinamente faleceu, o filho, já de novo em liberdade provisória, o homenageou durante o sepultamento, dizendo que ele tinha sido o melhor pai do mundo. Finalmente, parecia ter se regenerado.

Não sei se de fato isso aconteceu, pois não tive mais notícias dele. Mas espero que sim, pois temos de acreditar, sempre, na possibilidade de reabilitação do ser humano, principalmente dos jovens. Como disse *Nelson Mandela* em sua autobiografia *Longo caminho para a liberdade*, as pessoas não nascem odiando as outras; se elas aprendem a odiar, podem ser ensinadas a amar, pois o amor chega mais naturalmente ao coração humano...

31. O cheque engolido

A dupla de fiscais costumava achacar industriais de cidades vizinhas a São Paulo. Alegando ter recebido uma denúncia anônima, compareciam à empresa e passavam a investigá-la.

Quando descobriam algum ilícito tributário, extorquiam o proprietário sob a ameaça de autuarem a firma. Em geral acabavam logrando êxito no achaque, tornando-se conhecidos na região.

Certo industrial, ao receber a visita deles, avisado por um vizinho que já fora extorquido, passou a entabular conversações com ambos, fingindo ceder às suas ameaças.

Combinado o valor a ser pago na própria fábrica, o dono avisou a polícia que, no dia e horário marcados, ficou de campana.

No momento em que o industrial deu o cheque a um dos fiscais, os policiais apareceram de surpresa. Mas o extorsionário, com incrível rapidez, engoliu a cártula.

Presos em flagrante, o referido fiscal alegou que apenas engolira uma bala e que, na verdade, o industrial queria se vingar dele e do colega por não terem aceitado um suborno.

Como o cheque, por razões óbvias, não podia ser reconstituído e inexistiam outras evidências contra eles, os agentes da

Receita acabaram sendo absolvidos por insuficiência de provas. E ao que consta, se não se emendaram, pelo menos não mais precisaram engolir o corpo de delito...

32. Os clientes

Os clientes dos criminalistas são seres humanos muito diferentes.

Há aqueles que, ao nos procurar, admitem desde logo sua culpa, e outros que, embora culpados, preferem não admiti-lo, receosos de que não aceitemos defendê-los ou, mesmo aceitando, não o façamos com igual empenho.

Existem os que juram inocência, e neles acreditamos ou não. O importante, a meu ver, é que a consciência do advogado criminal permita patrociná-los.

Há também clientes que tentam esconder do advogado sua real situação financeira, dizendo-se em dificuldades para diminuir o valor dos honorários. Na primeira consulta chegam ao escritório de táxi ou em um carro mais antigo. Alguns são corretíssimos nos pagamentos e outros sempre atrasam.

Existem aqueles que, inocentes ou culpados, sofrem tanto durante o processo criminal que mereciam, só por isso, ser absolvidos ou obter o perdão judicial. Há outros totalmente despreocupados, que não querem nem saber do andamento da causa, sequer telefonando ao criminalista.

Lembro-me de um empresário de cerca de 60 anos, dono de uma grande transportadora. Um de seus caminhões, ao cruzar uma cancela ferroviária, fora apanhado por um trem, resultando na morte de uma dezena de pessoas e muitos feridos, e em um processo criminal contra o condutor do trem e o motorista do caminhão.

O caso era dos mais graves e me preocupava bastante pelas suas possíveis consequências penais e cíveis. Achei, a princípio, que o mesmo ocorria com o cliente. Até o dia em que soube que ele, embora casado e já com netos, convidara minha então secretária, jovem, bonita e solteira, para assistirem juntos a uma corrida de Fórmula 1 em Buenos Aires...

(*Carta Forense*, novembro 2017)

33. A estagiária

Ela foi uma das melhores estagiárias do nosso escritório. Muito inteligente, perspicaz, culta não só na área jurídica, com ótima redação e excelente pesquisadora. Além disso, era bem educada e simpática.

Só possuía um defeito: não tinha vocação para a advocacia criminal, que exige, a meu ver, dois requisitos essenciais: muita compaixão pelo ser humano e um grande amor à liberdade.

Era, claramente, vocacionada para outra área, também das mais nobres: o Ministério Público.

Quando algum cliente nosso era absolvido, ela dizia que, em sua opinião, ele merecia ter sido condenado; e, quando havia uma condenação da qual pretendíamos apelar, achava que a pena tinha sido pequena.

Certo dia, não aguentando mais a situação, meu filho e sócio *Fabio* disse-lhe que ela deveria estagiar na promotoria, e não em um escritório de advocacia criminal, que costuma mais defender do que acusar.

Depois de alguma relutância, aceitou a sugestão e nos deixou. Com seu brilhantismo e as boas referências que lhe demos, em pouco tempo conseguiu estágio no *Parquet*.

Após alguns anos, entretanto, ela nos procurou muito aflita: dois parentes seus, comerciantes em dificuldades financeiras, tinham deixado de recolher contribuições previdenciárias e, agora, haviam sido denunciados criminalmente.

Pediu-nos, encarecidamente, que os defendêssemos e nós aceitamos patrociná-los. Só que dessa vez ela deixou, é lógico, de considerá-los culpados, como costumava fazer com os outros acusados. Sem dúvida, o destino por vezes prega peças e a vida sempre nos ensina...

34. Receita de pão de queijo

O conceituado advogado fora injustamente acusado de exploração de prestígio, pois, segundo a acusação, se gabara de ter influência junto a juízes para obter decisões favoráveis.

Embora não houvesse qualquer prova desse fato, pois as conversas telefônicas interceptadas com autorização judicial apenas comprometeriam, em tese, dois outros colegas seus, a denúncia foi recebida também em relação a ele.

Durante a instrução judicial sua inocência foi plenamente confirmada, inexistindo qualquer evidência de que ele tivesse praticado a conduta que lhe fora imputada ou aquiescido com a que supostamente os corréus teriam tido.

O caso, todavia, era tratado com todo o rigor, em virtude do alegado uso dos nomes de idôneos magistrados.

Após a oitiva das testemunhas de acusação e de defesa, procedeu-se ao interrogatório do advogado, por mim defendido.

A juíza, com toda seriedade, depois de perguntar-lhe se a acusação era verdadeira e ouvir sua veemente negativa, antes de adentrar ao mérito da imputação, passou a indagar, como manda a lei processual, sobre seus antecedentes.

O cliente, muito falante, contou que, na juventude, tivera de abandonar o seminário para a ajudar o pai, cuja fábrica de pão de queijo fora à falência. E, em determinado momento, começou a descrever a sua receita, famosa no sul de Minas.

A jovem e rigorosa magistrada, esquecendo-se por alguns momentos da acusação, interessou-se pelos detalhes da receita, até que, dando-se conta de que ela nada tinha a ver com o processo, voltou a tratar exclusivamente deste.

Mas, no vídeo do interrogatório, a popular receita ficou bem registrada...

35. Compaixão

O comerciante, já idoso, de educação tradicional e rígida, católico ortodoxo, não se conformou ao descobrir que seu filho único, com cerca de 40 anos, era homossexual, fato de que jamais desconfiara.

A descoberta, não negada pelo filho, resultou no afastamento entre ambos, mas não chegou a um total rompimento.

A situação se agravou quando o pai veio a saber que o jovem passara a viver com outro homem mais velho, de idade aproximada da sua, fato que resultou na ruptura definitiva entre os dois, que não mais se falaram.

Algum tempo depois, em um bar de São Paulo, ao ver o filho com o companheiro sentado em uma mesa próxima à sua, o pai não se conteve. Levantou-se e, indo até o local em que eles estavam, deu um safanão no companheiro do filho, dirigindo-lhe impropérios.

Este processou-o por injúria real, ou seja, aquela acompanhada de violência física, arrolando várias testemunhas do ocorrido.

Tendo assumido a defesa do comerciante, percebi a existência de grave nulidade, obtendo a anulação da queixa-crime, que pelo decurso do tempo não mais pôde ser renovada.

O rompimento entre pai e filho perdurou por anos. Até que, recentemente, em um restaurante, onde por coincidência eu estava, vi ambos em mesas separadas. E, em um dado momento, presenciei o moço levantar-se e ir cumprimentar o genitor, estendendo-lhe a mão. Este correspondeu ao gesto e segurou carinhosamente a mão do filho, não a soltando, enquanto o jovem, com o polegar, acariciava a mão do pai em comovente cena.

A mútua compaixão vencera e o amor entre ambos, superando preconceitos e intransigências, mostrara-se enfim mais forte.

36. A dedicatória

Momento especialmente alegre e festivo para o autor de um livro costuma ser a noite do seu lançamento, quando comparecem amigos e colegas que adquirem os primeiros exemplares e gentilmente pedem autógrafos.

Nessa oportunidade, os representantes da editora, ao efetuarem as vendas, costumam perguntar o nome do comprador para colocá-lo no livro adquirido, facilitando a dedicatória. Ocorre que muitos adquirentes, por serem pessoas próximas do autor, não julgam necessário dá-lo, o que pode gerar constrangimentos.

Em uma noite de autógrafos de um livro meu, visualizei na fila um colega de longa data, cujo nome, naquele momento, estranhamente não me recordava. Enquanto aproximava-se a sua vez, torcia para que seu nome tivesse sido anotado no livro.

Para minha sorte, lembrei que algum tempo antes ele me comunicara, através de um cartão, que sua filha tornara-se sócia de seu escritório de advocacia. Quando chegou a vez dele, ao abrir o exemplar que me entregou, verifiquei que, como temia, seu nome não fora anotado.

Foi aí que, tendo um *insight* daqueles que advogados de júri precisam ter, lhe disse: "Quero dedicar o livro à sua filha, que acabou de tornar-se sócia de seu escritório. Qual é mesmo o nome dela?". O colega me falou e eu fiz uma amável dedicatória desejando à moça muito sucesso. O pai me agradeceu, saindo contente, e eu respirei aliviado...

Pouco depois, na mesma fila, vi um jovem e talentoso colega com quem fazia ginástica quase que diariamente, mas, na hora, não me lembrava de seu prenome, apenas do sobrenome.

Quando chegou sua vez, verificando que o nome também não fora anotado, eu lhe falei: "Como os grandes advogados costumam ser chamados pelo sobrenome, vou colocar o seu no autógrafo, pois antevejo um brilhante futuro para você". O jovem agradeceu e, assim como o antigo colega, saiu feliz com o livro autografado.

Graças a Deus, naquela noite não tive outros esquecimentos...

37. Admiração e paixão

Os casamentos, além de atração mútua, compatibilidade de gênios, amor, carinho, dedicação e respeito, também dependem de boa dose de sorte. Há relacionamentos que se desgastam com o passar do tempo e outros que se mantêm vivos. São almas gêmeas que se encontraram e jamais se separam.

Entre os casamentos que vão acabando, não é incomum executivos se apaixonarem por secretárias, médicos por enfermeiras e advogados por estagiárias, todas mais jovens que as esposas. Por vezes, separam-se destas e estabelecem novas uniões.

Foi o que aconteceu com o conceituado criminalista de outro estado. Casado há muitos anos, possuía filhos adultos que ainda residiam com ele e a esposa. Embora já não tendo relacionamento íntimo com a mulher, mantinha com esta ótima convivência e, com os filhos, uma grande amizade.

Ele acabou se apaixonando por uma estagiária de seu escritório, recém-promovida ao cargo de advogada. Depois de algum tempo, ela deu-lhe um ultimato: se não se separasse da esposa, o deixaria...

Pressionado, o advogado saiu de casa. Para não magoar a mulher, foi morar provisoriamente sozinho em um apartamento. Tentando afastar a solidão e a falta que sentia dos filhos, ao chegar do trabalho logo ligava a televisão ou colocava um *CD*, espantando assim o silêncio.

Certa vez, explicou-me o que ocorria em situações como a dele. As esposas – disse-me – veem os maridos criminalistas em momentos de cansaço, mau humor, tristezas e decepções. Já as estagiárias costumam presenciar os momentos de glória deles: as grandes defesas, as sustentações orais perfeitas, o brilhantismo nos júris e as vitórias profissionais.

As estagiárias se apaixonam por esse lado heroico e acabam sendo correspondidas pelos que se sentem por elas admirados...

38. Usucapião

Meu filho Roberto, como Assistente do Ministério Público, foi cumprir uma precatória em comarca vizinha a São Paulo. Ao chegar ao Fórum, a escrevente, na porta da Vara, solicitou-lhe que apresentasse a carteira da OAB, mas, ao procurá-la, ele viu que a havia esquecido. A escrevente explicou-lhe que o magistrado somente permitia que participassem de audiências advogados que se identificassem.

Roberto pediu-lhe que consultasse o *site* da Ordem e ela o atendeu, comprovando-se que ele não só está escrito na Ordem como é Conselheiro Seccional.

Ao entrar na sala de audiências e se apresentar ao jovem Juiz Titular, verificou que, sobre a sua mesa, havia uma edição do nosso *Código Penal Comentado*, mas o Magistrado não percebeu que ele era um dos seus coautores.

Após a audiência ser adiada pela ausência da testemunha, assinado o termo, o promotor disse ao magistrado que o advogado presente era um dos autores do livro.

Surpreso com a revelação, o juiz declarou-se um admirador da obra, com a qual havia se preparado para o concurso, e pediu a Roberto que lhe fizesse uma dedicatória.

Ao abrir o livro para fazê-la, ele, todavia, deparou-se com

um carimbo dizendo: "Este exemplar pertence à Dra..., Juíza Substituta".

Perguntou, então, ao magistrado como fazer a dedicatória em face de tais dizeres, ao que ele respondeu: "Pode fazer para mim mesmo, pois uso esse livro há tanto tempo que ele já me pertence por *usucapião*".

Com essa "autorização", a dedicatória foi feita, ao lado do carimbo...

39. *Os* foras

Os *foras* ou gafes, recordados depois de muito tempo, são engraçados, mas na hora em que são dados geram bastante constrangimento. Os advogados, como todas as pessoas, vez ou outra deles não escapam...

Aniversário de 25 anos de formatura: após o jantar, em um grupo que já bebera bastante, um deles pergunta: "E aquela nossa colega que *namorava* todo mundo e não veio, o que aconteceu com ela?". Um outro responde: "Casou comigo e ficou em casa cuidando do nosso filho, que está gripado". A festa acabou ali...

Na delegacia: o criminalista, ao reencontrar no Distrito Policial a jovem delegada que há tempos não via, elogia seu vestido e ela responde: "Que nada, estou gorda". O advogado, desavisadamente, fala: "Na gravidez todas as mulheres engordam um pouco", mas ela retruca: "Acontece que eu não estou grávida". Pelo que se soube, o cliente do criminalista não foi prejudicado...

Na casa da ex-Secretária de Estado: o advogado criminal, a pedido de um colega, vai até a casa dela, acusada de ter cometido desvios durante sua gestão. Sozinha, havia comparecido à Polícia Federal e fora maltratada pelo Delegado, daí porque desejava ter a sua assistência. Querendo ser gentil, o criminalista comenta que nas faculdades de Direito os menos estudiosos vão ser policiais. Ante o sinal de desagrado da ex-Secretária, o advogado vê na estante a fotografia do falecido pai dela, devidamente condecorado, lembrando-se que ele também fora delegado. Tenta consertar, dizendo que isso não acontecia antigamente, quando havia grandes delegados, mas perde a futura cliente...

No Júri: na tentativa de homicídio a vítima restara completamente vesga, inexistindo à época a cirurgia de hoje. O acusado aparece no dia do júri com um novo advogado e o Assistente do Ministério Público não percebe que ele também era estrábico. Em sua fala, o assistente insiste ser a lesão sofrida por seu cliente muito vexatória, até que alguém lhe avisa que o defensor tem o mesmo problema. A partir daí, eticamente, muda sua argumentação...

No clube: encontro no vestiário um jovem advogado na companhia do filho pequeno. Ele fala do pai, também advogado, e eu, descuidadamente, pergunto-lhe qual *era* seu nome. Ele, antes de dizer o nome, me esclarece que o pai está vivo, bem de saúde e ainda trabalhando. Desculpo-me, mas para meu maior constrangimento, o menino, que não entendera bem a conversa, pergunta: "papai, o vovô morreu?", e o pai o tranquiliza: "claro que não!". Na semana seguinte, como reparação do *fora*, envio ao colega um dos meus livros de crônicas...

40. O voo, Padre Cícero e o paletó

O Centro Acadêmico de uma Faculdade de Direito de Juazeiro do Norte, no Ceará, me convidou para dar uma palestra. Aceitei, como costumo fazer quando se trata de eventos programados por estudantes, sem fins lucrativos. O contato com os jovens, que nos recebem com entusiasmo, é sempre muito enriquecedor.

Uns dez dias antes da data, o presidente do Centro me telefonou, informando que já havia reservado as passagens minha e da minha mulher pela Avianca. Não conhecendo a companhia aérea, disse-lhe que preferia viajar pela Tam ou pela Gol, como sempre faço. Ele me explicou que a Tam não viajava para lá. Já a Gol tinha um voo que não era direto, levando sete horas e meia, enquanto o da Avianca era direto, durando apenas três horas e quarenta e cinco minutos. Aceitei, é claro, o voo da Avianca, que me surpreendeu: avião novíssimo, assentos mais espaçosos, tripulação experiente e gentilíssima.

A chegada a Juazeiro do Norte é muito bonita: depois de sobrevoar uma extensa reserva florestal, o avião começa a descer para um belo vale, onde, no meio da cidade, se destaca a enorme estátua do Padre Cícero.

Embora a Igreja Católica só o tenha reabilitado recentemente, ele é, para toda a população do Nordeste, um grande santo.

A devoção ao *Padim*, como é chamado, é contagiante e sua presença espiritual é sentida em todos os lugares.

Narra a história que quando Lampião e seu bando se preparavam para atacar a cidade, Padre Cícero os enfrentou. Todos, inclusive Lampião, se ajoelharam e o *Padim* lhes disse: "Quem roubou, não roube mais, quem matou, não mate mais; e vão em paz". Os cangaceiros obedeceram e Juazeiro do Norte foi poupada.

Hoje, a cidade é próspera, limpa, moderna, segura, com ótimos *shoppings* e belos prédios, sendo um grande polo calçadista; não há crianças abandonadas nem pedintes nas ruas; os universitários, com sua alegria, estão por todos os lados.

No dia em que viajei para Juazeiro do Norte, antes de ir para o aeroporto passei no escritório, onde me encontrei com meu filho e sócio *Fabio*. Estávamos usando ternos muito parecidos, e ao sair, como fazia calor, levei o paletó nas mãos. Só ao chegar a Juazeiro, percebi que tinha pegado o paletó dele, ao invés do meu. Como Fabio mede 1,94 e eu 1,76, não dava para usá-lo, pois ficava enorme em mim. Lembrei-me da música: "engole ele, paletó, que o dono dele era maior". Neste caso, muito maior...

A solução, antes de ir ao evento, foi comprar um terno na loja Colombo da cidade; quebrou o galho, embora os bolsos externos do paletó, estranhamente, fossem falsos. Assim, não pude guardar nada neles, nem, durante a palestra, colocar as mãos dentro. Mas em compensação, ninguém notou que os bolsos não eram verdadeiros.

(*Carta Forense*, abril 2016)

41. O jantar à francesa e o cachorrinho

O primo de minha mãe era há muitos anos advogado-chefe, no Brasil, de uma fábrica de automóveis americana. Apesar do alto cargo que tinha, continuava a ser uma pessoa simples, não ligada a formalidades e etiquetas.

Já seu irmão mais jovem, talentoso administrador, fora o primeiro brasileiro a presidir uma multinacional. Acostumado a receber diretores estrangeiros da empresa e personalidades, junto com a esposa sabia fazê-lo com requinte e elegância.

Certa vez, convidou o irmão advogado para participar de um jantar com importantes convidados, servido à francesa, em que a copeira ou o copeiro aproxima-se de um dos convivas com a bandeja e duas colheres, para que ele se sirva; e, depois, faz o mesmo com os demais.

Desconhecendo o costume, quando a serviçal dele se aproximou, estendendo a bandeja em sua direção, não teve dúvidas: retirou-a das mãos dela e oferecendo-a aos demais, perguntou-lhes: "estão servidos?". Ante a simploriedade do gesto, os presentes limitaram-se a sorrir, complacentes...

A advogada e o marido possuíam uma linda casa de praia no litoral norte de São Paulo, que dava de frente para o mar. Em um fim de semana, convidaram alguns casais, amigos de longa data.

No jantar, sentaram-se nos locais indicados pela anfitriã, conforme elegante praxe, ficando um dos convidados ao lado dela e a esposa dele do outro lado da mesa, ao lado do seu marido. Enquanto isso, o pequeno cão dos anfitriões circulava pela sala e por debaixo da mesa.

Durante a refeição, a advogada percebeu que a perna do convidado do seu lado roçava algumas vezes na sua. Incomodada e sem papas na língua, no momento em que seu marido levantou-se para ir à cozinha, ela, em voz alta e na frente de todos, perguntou ao amigo: "Fulano, nós nos conhecemos há tanto tempo, por que é que você fica encostando sua perna na minha?".

Ele, mais surpreso que os demais, com absoluta espontaneidade, respondeu: "Eu pensei que fosse o cachorrinho...". Todos caíram na risada e, verdadeira ou não a explicação, o fim de semana não restou prejudicado, nem a amizade entre eles abalada...

42. O indiciamento

O banco era cliente do escritório há mais de vinte anos. Com sucesso, vínhamos representando-o como vítima e a seus diretores e gerentes como acusados, em inquéritos policiais e processos criminais.

Os honorários eram fixados caso a caso, de acordo com a maior ou menor complexidade de cada um e nunca haviam sido contestados.

Certa vez, ao analisar a Diretoria nossa proposta para uma nova causa, o diretor mais moço, certamente desejando *mostrar serviço*, criticou-a de forma deselegante, dizendo que achava um absurdo os honorários pretendidos.

Os demais diretores, após informarem-no sobre os serviços já prestados e o conceito em que tinham o escritório, aprovaram os honorários contra o voto apenas do jovem diretor.

O incidente foi narrado a meu saudoso irmão e sócio de escritório *Celso*, por um dos diretores mais antigos.

Durante o andamento do inquérito, o Delegado que o presidia decidiu indiciar pelo menos um dos diretores, deixando, entretanto, a indicação deste a critério da Diretoria. O presidente do banco resolveu indicar o diretor mais jovem e este foi indiciado.

Com o arquivamento do inquérito em juízo, o indiciamento foi cancelado. O jovem diretor, durante algum tempo, achou que este deveu-se a algum tipo de vingança nosso pela sua desrespeitosa atitude. Só mais tarde, veio a saber, por outro diretor do banco, que a escolha partira do próprio presidente da instituição...

43. Sobre vitórias e derrotas

O jovem e talentoso criminalista regressou de Brasília desolado pelo absurdo indeferimento de um *habeas corpus*. O STF mantivera um decreto de prisão preventiva unicamente porque o acusado, inconformado com a ilegal medida, não tinha se apresentado à prisão; ele não fugira antes, mas ao não se apresentar estaria "fugindo", no entender da Corte, que, como disse um de seus Ministros, acerta e erra por último.

O episódio me fez lembrar de meu pai *Dante*. Advogado criminal consagrado, atuava como assistente do Ministério Público em rumoroso homicídio ocorrido no interior do Estado.

Desmembrado o processo, o executor material – um pistoleiro – foi condenado à elevada pena. No júri do acusado de ser o mandante – em relação a quem a prova é, em geral, mais difícil – ele foi igualmente condenado.

Anulado este último julgamento por vícios processuais e submetido o acusado a um segundo júri, logrou ser absolvido por quatro votos a três. Eu era adolescente, mas me recordo que meu pai, com toda sua larga experiência, chegou em casa revoltado com a injustiça da decisão, falando até em abandonar o júri.

O que não aconteceu porque a vitória, meses depois, em outro julgamento popular, o levou a se reconciliar com a democrática instituição na qual por tantos anos brilhou.

Contei essa história para o jovem e desanimado colega, para que ele visse que mesmo experientes criminalistas também se abalam com as derrotas. Afinal, elas, assim como as vitórias, invariavelmente fazem parte da vida profissional...

44. O peludo

Na audiência realizada em uma Vara Criminal da Justiça Federal, procedia-se ao interrogatório de vários réus, acusados de fraude em um concurso público.

Ao ser um deles interrogado, o juiz, inicialmente como prevê a lei, indagou-lhe sobre seus dados pessoais, perguntando se tinha filhos, ao que o acusado respondeu: " só o peludo".

Tendo o magistrado indagado de quem se tratava, o réu explicou que era seu cachorrinho, pois filhos mesmo não tinha. Todos os presentes riram da resposta e da explicação, a não ser o sério Procurador da República, que entendeu ter havido desacato, pedindo fosse o interrogado conduzido à polícia para lavratura de um termo circunstanciado, o que, entretanto, não foi aceito pelo juiz.

Há algum tempo, assistia a uma reportagem da Rede Globo sobre uma associação de funcionários da Petrobrás cujos associados tinham descontos na compra de remédios e na qual estariam ocorrendo fraudes.

Uma das entrevistadas, aposentada bem idosa residente em São Paulo, tivera seu cartão clonado e usado para a aquisição de medicamentos em Estados nos quais jamais estivera.

Outra entrevistada, uma jovem casada com um empregado da estatal, em cujo extrato aparecera a aquisição de remédios veterinários, foi perguntada se tal compra realmente existira. A moça confirmou a aquisição com desconto, explicando que os medicamentos eram para seu cãozinho.

Tendo o entrevistador indagado se achava isso correto, a jovem, com toda a sinceridade e espontaneidade – perfeitamente compreensíveis para todos os que têm e amam seus cães de estimação – respondeu-lhe: "mas ele é da família".

Surpreendido pela resposta, o repórter resolveu encerrar a entrevista. Só não fiquei sabendo se o cãozinho dela também era "peludo"...

45. Flashes

Preconceito mutável: ao ser eleito para o governo de um estado nordestino, o político convidou seu advogado de muitos anos e a família para o baile da posse. Felizes com o convite, o advogado, a mulher e a filha única compareceram. Ao ver a jovem dançando várias vezes com um rapaz, o advogado perguntou à esposa: "Quem é aquele *mulatinho* que está dançando com a nossa filha?". Ela sussurrou: "Fale baixo, é o sobrinho do governador". E o advogado, deixando de lado o preconceito: "Eta *moreninho* jeitoso!".

Faixa etária: na mocidade, queremos construir um patrimônio. Na terceira idade, preferimos a segurança. O jovem advogado de sucesso convidou o pai, também advogado, mas meio aposentado, para fazer com ele um promissor investimento imobiliário, mostrando as suas vantagens. O pai, após escutá-lo, disse que estava fora da sua faixa. O filho perguntou-lhe *como* estava fora, se ele tinha ótimas aplicações financeiras e poderia dispor de parte delas. O pai, então, explicou: "É que não está na minha faixa *etária*".

E-mail *errado*: tenho dois amigos com o mesmo prenome. Enquanto *A* goza de excelente saúde, *B* está muito doente. Leio no jornal a notícia do falecimento de um irmão de *A*, e, muito ocupado, dito para minha secretária um *e-mail* de condolências. Poucos minutos depois, ela retorna à minha sala, para confirmar se o *e-mail* era para B. Eu digo que *não*, que era para *A*, e imagino o mal que poderia ter feito a *B*, enfermo, receber um *e-mail* de pêsames por um irmão que continuava bem vivo...

Sebo nas canelas: a fuga faz parte do instinto humano, porque a liberdade, como disse certa vez o grande criminalista *Américo Marco Antonio*, contemporâneo de meu pai *Dante* no século passado, "é um bem maior, que tudo merece, tudo desculpa...". Por isso mesmo, a fuga de um preso, sem violência à pessoa, não é crime. O acusado que se defende em liberdade e vem a ser condenado à pena de prisão, sendo a sentença confirmada em 2ª Instância, só tem, em princípio, duas alternativas: apresentar-se para cumprir a pena ou ficar foragido, impetrando um *habeas corpus*, se cabível, ou requerendo uma revisão criminal, sempre demorada. A segunda alternativa – de não se apresentar – é a que meu filho *Roberto*, brincando, chama de *sebo nas canelas*...

46. O tamanho dos arrazoados

Apesar das modificações ocorridas nas últimas décadas, o processo penal continua sendo preponderantemente escrito. A oralidade está presente apenas nas sustentações orais, no júri e nas audiências realizadas em Varas que dispõem de áudio ou videoconferência, embora estas, depois, acabem sendo degravadas e transcritas nas peças das partes e nas decisões.

Quase tudo mais, pelo menos em Primeira e Segunda Instâncias (denúncia, respostas, petições, despachos, memoriais, sentenças, razões e contrarrazões de apelação, acórdãos), dependem do papel. Do mesmo modo que o direito penal não consegue se desvencilhar da pena de prisão, com todas suas terríveis consequências, o direito processual penal não consegue livrar-se das folhas e folhas que compõem os autos.

Os criminalistas jovens costumam apresentar longos arrazoados, enquanto os mais experientes são em geral concisos e objetivos.

O saudoso amigo e ilustre civilista *Sylvio Fernando Faria Júnior* dizia que os juízes não liam razões com mais de quinze páginas; quando muito, *passavam os olhos...*

Recém-formado, entusiasmado com determinada causa, fiz um pedido de revisão criminal com cerca oitenta laudas, sustentando a absoluta e total falta de provas contra meu cliente. Em seu parecer, o veterano procurador de justiça afirmou que se a inocência do acusado fosse assim tão evidente, seu advogado não precisaria ter escrito tanto. A partir daí, passei a escrever menos...

(*Carta Forense*, janeiro 2017)

47. O sétimo selo

No episódio inicial do *Sétimo selo*, famoso filme de Ingmar Bergman, um guerreiro medieval montado em seu cavalo anda na praia. Em dado momento, depara-se com a Morte, sentada em um banco defronte a um tabuleiro de xadrez, que o convida a jogar. O guerreiro aceita, desce do cavalo e o jogo se inicia.

A simbologia da cena, depois transformada em conhecido quadro, mostra o drama humano: não podendo vencer tão terrível adversário, que um dia sempre nos alcançará, só nos resta tentar prolongar ao máximo o jogo, ou seja, nossa própria vida...

Foi a estratégia que tive de adotar na defesa de um empresário. Homem de meia idade e compleição franzina, sócio-proprietário de conceituada firma, divorciado há tempos, apaixonou-se perdidamente por uma jovem funcionária de rara beleza.

Transformado em um misto de amante e pai, passou a lhe dar tudo: pagamento de cursinho e depois faculdade, curso de inglês, automóvel, lipoaspiração e até um apartamento mobiliado para ela e familiares. Depois de tudo, ela o trocou por um jovem.

Quando este foi assassinado na frente dela por dois homens desconhecidos, as suspeitas da autoria intelectual recaíram sobre o empresário. Apontado no inquérito policial como autor de ameaças à moça e a quem desta se aproximasse, chegou a ter a prisão preventiva pedida, embora negada.

Assumindo sua defesa, contra quem as provas eram meramente circunstanciais e que negava com veemência ter sido o mandante, passei a sustentar a inocência dele e a inépcia da denúncia, pois os autores materiais do homicídio jamais foram identificados.

Minha maior preocupação era, contudo, com a saúde do empresário que se deteriorava a olhos vistos. Convencido de que, se condenado, não se resistiria mais de um mês na prisão, usei de todos os recursos legais para mantê-lo em liberdade.

Considerado culpado no primeiro júri, apelei arguindo preliminarmente a nulidade do julgamento, tendo obtido um voto favorável que me permitiu opor embargos infringentes. Antes que estes fossem julgados, recebi a notícia do falecimento do cliente. Treze anos e meio haviam se passado e ele não fora preso, como era meu principal objetivo.

Agora, ao invés da justiça humana, plena de erros ao absolver culpados e, pior ainda, ao condenar inocentes, iria prestar contas à Justiça Divina que, embora magnânima, nunca se equivoca...

(*Carta Forense*, dezembro 2015)

48. O presente

Embora idoso, o criminalista, gozando de excelente saúde física e mental, continuava em plena atividade, mais competente, perspicaz e experiente de que nunca. Aliás, dizem que o único defeito que não aumenta com o tempo é a inexperiência...

Um juiz aposentado, envolvido injustamente em grave processo, denunciado que fora por um antigo colega, seu desafeto, pediu-lhe que o defendesse.

O criminalista aceitou a causa e depois de uma longa e difícil instrução judicial, conseguiu a sua absolvição, que foi confirmada unanimemente em Segunda Instância.

Em virtude da amizade que tinha com o antigo magistrado, resolveu não cobrar honorários.

Este ofereceu-lhe, então, um tentador e inusitado presente.

Em uma noite estrelada e de lua cheia, o advogado e a esposa dariam uma volta de helicóptero pela cidade de São Paulo iluminada, que depois pousaria em um hotel 5 estrelas. Ali, após um jantar *cordon bleu*, passariam a noite na melhor suíte.

Foi quando a mulher do criminalista, também idosa, ponderou ao marido que se fizessem tudo aquilo, na manhã seguinte certamente iriam para um hospital...

O advogado resolveu declinar, então, do presente, que foi substituído por uma caixa de um excelente vinho tinto francês. O qual, se degustado com parcimônia, além de fazer bem ao coração, não tem efeitos colaterais.

(Carta Forense, dezembro 2016)

49. O cabo e os pães

Em 1964 o Brasil estava dividido e radicalizado entre a esquerda e a direita. Esta temia um golpe que implantasse uma ditadura comunista semelhante a de Cuba; aquela receava outro, que instaurasse uma ditadura militar. Venceu a direita, cujo golpe, com apoio dos Estados Unidos através do embaixador Lincoln Gordon, vinha sendo preparado há tempos. O estopim que o deflagrou foi o famoso comício da Central do Brasil, no Rio de Janeiro, convocado pela esquerda, quando o cabo Anselmo, da Marinha, na presença do Presidente João Goulart, pregou a sublevação no meio militar.

Logo em seguida, em 31 de março, há 54 anos, o General Mourão Filho, com apoio do Governador Magalhães Pinto, partia de Minas com suas tropas em direção ao sul. Com a adesão de outras lideranças militares e civis, João Goulart foi deposto, exilando-se no Uruguai.

O marechal Castelo Branco, que se destacara na Força Expedicionária Brasileira durante a 2ª Guerra Mundial, foi o primeiro presidente militar. O regime endureceu quando ele foi sucedido pelo general Costa e Silva. Proclamado o AI-5, foi abolido o *habeas corpus*, cerceados direitos de reunião e associação, e extintos sindicatos e entidades civis.

Entre as organizações banidas estava a U.N.E., que congregava as lideranças estudantis e decidira fazer, secretamente, um congresso em Ibiúna, no interior paulista. O máximo cuidado foi tomado para que nada transpirasse, pois em todo o país a polícia política estava de prontidão.

Tudo parecia correr bem, até que, logo no primeiro dia, dois estudantes encomendaram em uma padaria local mais de 300 pães, ficando de vir buscá-los na manhã seguinte. O padeiro, que nunca recebera encomenda tão grande, estranhou e avisou a polícia que prendeu todos os participantes.

A ditadura militar durou 21 longos anos. Em seu nome, inúmeros homicídios, desaparecimentos de pessoas e torturas – o mais execrando dos crimes contra os direitos humanos – foram cometidos. A esquerda, através de organizações que a combatiam, também cometeu graves delitos, mas, certamente, em dimensão muito menor.

Com o restabelecimento da Democracia – que Churchill, embora a considerando um péssimo regime, dizia não existir outro melhor –, o Cabo Anselmo confessou, publicamente, ter sido agente da CIA. E, com base na Lei da Anistia, ainda tentou obter indenização do Governo Brasileiro pelo período anterior à sua adesão ao serviço secreto norte-americano, época em que alegava ter sido perseguido. Obviamente, seu indecoroso pleito foi indeferido...

(*Carta Forense*, março 2016)

50. As acusadas sem codinome, o novo Tiradentes e o viaduto

A partir do AI5 a repressão da ditadura militar recrudesceu, tendo aumentado muito os homicídios, os desaparecimentos de pessoas e as torturas – o mais execrando dos crimes contra os direitos humanos. Os civis incursos na Lei de Segurança Nacional passaram a ser julgados pela Justiça Militar. Em contrapartida, tornaram-se mais frequentes os assaltos a bancos por organizações subversivas, objetivando angariar fundos para elas.

Em um desses assaltos, um vigia reagiu e foi morto, sendo mais de dez militantes levados a julgamento perante a Auditoria Militar do Exército em São Paulo, composta por um juiz auditor (togado) e quatro oficiais.

Entre os réus, estavam duas irmãs que não haviam participado do assalto e um acusado apontado como líder do grupo.

Em minha defesa oral em favor de ambas, afirmei ao Conselho ser público e notório que toda pessoa que ingressava em uma organização subversiva recebia um codinome, ou seja, um nome de guerra, pelo qual passava a ser chamada. E que, na mais de uma dezena de volumes dos autos, minhas clientes eram sempre referidas pelo próprio nome, jamais por codinome. Prova cabal de que elas nunca pertenceram ao grupo acusado.

Minha argumentação não agradou aos colegas dos outros réus, todos com codinome, mas eu tinha de exercer, da forma mais ampla possível, o sagrado direito de defesa.

Já o advogado do líder do grupo, com visível concordância do cliente, comparou-o, para o espanto dos juízes, a um novo Tiradentes.

Enquanto as duas irmãs foram merecidamente absolvidas, por unanimidade, o chefe confesso da organização restou condenado a 68 anos de prisão, provocando emoção na plateia que assistia ao julgamento.

Com a redemocratização do país tem surgido a tendência de substituir, em logradouros públicos, nomes dados a figuras dos chamados *anos de chumbo*.

Recentemente, um funcionário da Prefeitura de São Paulo propôs a troca do nome do "Viaduto General E. Figueiredo", existente na Avenida 23 de Maio (importante data da Revolução Constitucionalista), junto ao Parque do Ibirapuera. Argumentou que o General João Baptista Figueiredo, último presidente militar, não deveria ter sido homenageado, apesar de ter assinado a Lei de Anistia, hoje bastante criticada, mas que, à época, permitiu a volta dos exilados, a exemplo do "irmão do Henfil", festejada em conhecida música.

Foi quando, em boa hora, alguém lembrou que o nome dado ao viaduto não era do Presidente Figueiredo, mais sim de seu pai, o Coronel, depois promovido a General, Euclides Figueiredo, herói da Revolução Paulista de 32. Aliás, o último dos combatentes a se render às tropas do ditador Getúlio Vargas.

Desculpas foram apresentadas pela Prefeitura e não mais se falou do assunto...

(*Carta Forense*, maio 2016)

51. A nova lua de mel

O advogado e a mulher estavam casados há muitos anos, com filhos e netos. Apesar dos altos e baixos comuns a todos casamentos, o amor permanecera, ao meio da amizade e da cumplicidade.

Resolveram, então, fazer uma nova lua de mel. O lugar escolhido foi Paris, onde haviam passado a primeira.

Era primavera e a magia da Cidade Luz, com seus parques, pontes, igrejas, museus, magníficos restaurantes e o maravilhoso rio Sena, em pouco tempo reacendeu a antiga paixão. Que, na verdade, nunca desaparecera, como as brasas de uma lareira que, apenas sopradas, reacendem o fogo.

Certa noite de céu estrelado, após um romântico jantar em um bistrô, seguido de um concerto na Ópera Garnier, voltaram ao charmoso hotel em que estavam hospedados.

Apaixonados, a intimidade amorosa os envolveu natural e fortemente no pequeno quarto, até que, em determinado momento, ambos caíram da cama de casal, ficando presos entre esta, que era fixa no chão, e a parede.

Depois das risadas, perceberam que não conseguiam sair do estreito lugar em que estavam, apesar de várias tentativas infrutíferas. Pareceu-lhes que a única solução seria alcançar o interfone que estava sobre o criado-mudo e pedir socorro à portaria, mas o vexame de serem ali encontrados, nus e entrelaçados, seria demasiado.

Foi quando, milagrosamente, conseguiram desvencilhar-se e levantar, primeiro um, depois o outro. As gargalhadas misturaram-se à sensação de alívio. A hilariante cena, mantida em sigilo, só foi narrada a pouquíssimos amigos íntimos, entre os quais este cronista, sob promessa de rigoroso anonimato...

(*Carta Forense*, novembro 2016)

52. O coronel, a gravata e a lição

O político nordestino, um autêntico coronel, era odiado por uns e amado por outros. Segundo as más línguas, seu lema era: "para meus amigos, tudo; para meus inimigos, uma justiça lenta e corrupta"...

Naquela Faculdade paulista, durante uma greve, os alunos invadiram a escola e mantiveram o diretor detido e incomunicável em uma sala, por mais de 24 horas. Comparecendo ao local, uma emissora de televisão registrou o que acontecia, mostrando o diretor preso e vários dos estudantes envolvidos. Um detalhe curioso: nas telas dos televisores apareceu várias vezes, com grande destaque dado pelo *cameraman*, a belíssima gravata usada pelo elegante diretor.

Para evitar um mal maior o vice-diretor preferiu não chamar a polícia e, após intensas negociações, obteve a liberação do diretor.

Além de aplicar uma severa suspensão aos participantes, a diretoria resolveu pedir a instauração de um inquérito policial para apurar a prática do crime de cárcere privado, previsto no art. 148 do Código Penal, com pena de 1 a 3 anos de reclusão.

Contratados pela faculdade, mediante nosso requerimento, o inquérito foi instaurado. A partir daí, um a um os envolvidos passaram a ser intimados, o que causou verdadeiro pânico entre eles.

Muitos iam à diretoria implorando para que fossem dispensados de comparecer à Delegacia ou que, ao menos, seus pais não ficassem sabendo do que estava ocorrendo.

A resposta da diretoria era, entretanto, sempre a mesma: o delito era de ação penal pública incondicionada e o caso estava nas mãos da polícia, nada podendo fazer a respeito.

Ao final de um longo inquérito que, entre idas e vindas ao Fórum com pedidos de prazo, durou mais de um ano, com a concordância da Faculdade peticionamos ao Delegado informando que, após a suspensão, os alunos vinham tendo um comportamento exemplar e não haviam se envolvido em nenhum outro incidente.

A autoridade policial optou, então, por não indiciar nenhum deles, e o promotor, por razões de política criminal, pediu o arquivamento do inquérito, que foi deferido pelo juiz.

Neste caso, parafraseando o lema atribuído ao lendário político, podemos dizer que houve "uma polícia lenta, mas não corrupta".

E, certamente, uma merecida lição...

(*Carta Forense*, fevereiro 2017)

53. O criador de cavalos

Meu pai *Dante Delmanto*, criminalista de sucesso por mais de 50 anos, costumava dizer que a advocacia criminal é uma mulher muito ciumenta e exigente. Ou seja, os advogados que, além de atuarem nessa especialidade, tentam desenvolver atividades em outras áreas, raramente obtêm sucesso neles.

Há algum tempo tive uma pequena fazenda em Cunha, vizinha a Parati. Não seguindo o conselho paterno, resolvi criar cavalos da raça Mangalarga Paulista.

Depois que os primeiros potros nasceram, inscrevi seis deles em um leilão no Parque da Água Branca. No dia aprazado, ao chegar ao local achei meus cavalos menores do que os outros da mesma idade. Só mais tarde vim a saber que criadores mais experientes retardavam a comunicação de nascimento dos animais, daí porque eles eram maiores do que aqueles registrados corretamente, como os meus.

Para piorar a situação, o leiloeiro colocou meus potros por último. Cinco deles foram arrematados por preços irrisórios, através de 24 notas promissórias sem juros. Quando o sexto, que era o mais bonito, foi apregoado, meu filho e sócio de escritório *Fabio* "defendeu" o lance, ou seja, retirou o potro do leilão pagando a comissão do leiloeiro.

Terminado o leilão, o comprador de um dos meus animais veio perguntar-me se eu daria um desconto no preço, caso ele pagasse à vista. Revoltado com a situação, eu, que me considero uma pessoa educada, disse-lhe que não daria nenhum desconto e que se ele atrasasse um dia o pagamento de qualquer promissória, eu a levaria a protesto. O cidadão foi saindo *de fininho*, sem entender o que estava acontecendo.

Vendi a fazenda, deixei de criar cavalos, mais ainda tenho dois em Campos do Jordão, pois tais animais, desde os tempos remotos, estão ligados à história do homem e cavalgá-los representa sempre um enorme prazer...

54. Asa branca

Ele viera do Nordeste há muitos anos em um *pau-de-arara*, como o ex-presidente Lula. Aqui em São Paulo, dormiu em bancos de jardins públicos, conseguiu seu primeiro emprego como servente de pedreiro, depois foi pedreiro, e, por fim, empreiteiro de obras.

Acabou se tornando um dos mais importantes da Capital, disputado por grandes construtoras e participando da construção de alguns dos maiores prédios residenciais e comerciais.

Graças à sua dedicação, competência e honestidade, ficou muito rico. Por volta dos 70 anos resolveu se aposentar, doando tudo que tinha para os filhos, que lhe davam, mensalmente, o necessário para viver com dignidade.

Já aposentado, recebeu uma intimação da Polícia Federal. Tratava-se de uma denúncia anônima contra ele (provavelmente de um engenheiro civil cujas falcatruas revelara), em virtude da qual instaurou-se um inquérito.

A apócrifa acusação chegava às raias do absurdo, dizendo que o empreiteiro desviava em seu proveito a aposentadoria da mãe idosa; que simulara a própria morte para obter uma certidão de óbito, e, depois, uma certidão de nascimento com nome falso; que era "laranja" de empresários da construção etc.

Sua inquirição foi hilária. Compareceu à Polícia Federal de roupa esporte, mas impecavelmente vestido, trajando uma vistosa camisa de diversas cores.

Disse ao Delegado que adorava sua mãezinha, que falecera há poucos meses, e que, recebendo a aposentadoria dela como seu procurador, a enviara todos os meses por via bancária, acompanhada de uma mesada; que "estava vivo e com boa saúde", como podia ver a autoridade policial, não morrera nem simulara sua morte, continuando a usar o mesmo RG; que jamais fora "laranja" de ninguém e dela só conhecia e apreciava a fruta; e, assim por diante...

Durante seu depoimento o celular do empreiteiro tocou; a música era a mais famosa do Nordeste, *Asa branca*, celebrizada por *Luiz Gonzaga*, cuja letra diz que, na região da seca, o último ser a ir embora é aquela ave ("Até mesmo a asa branca bateu asas do sertão...").

Acompanhando-o como seu advogado, pedi que desligasse o celular, mas o aparelho era novo, o empreiteiro não sabia usá-lo corretamente, e ele tocou uma segunda vez.

Após nova tentativa de desligá-lo, a inquirição prosseguia, pois dissera o denunciante anônimo que os filhos do empreiteiro não tinham condições de sustentá-lo. Ao que ele respondeu que o filho mais velho já tinha 50 anos e plenas condições de ampará-lo.

Foi quando, em tom bem alto, soou mais uma vez na pequena sala de audiências o celular que se recusava a silenciar, tocando *Asa branca*...

Segurando o riso, o Delegado resolveu encerrar a inquirição, dizendo que iria relatar o inquérito e manifestando sua opinião de que ele certamente seria arquivado em Juízo.

Foi, de fato, o que veio a acontecer alguns meses depois. E, ao que se sabe, a *Asa branca* não mais tocou nas dependências da Polícia Federal em São Paulo...

(Carta Forense, julho 2010)

55. *O advogado bravo*

Tanto na vida pessoal quanto profissional, até por temperamento, sempre preferi fazer amigos do que inimigos, ser diplomata em vez de briguento, tratar bem a todas as pessoas, independentemente de sua classe social, respeitando-as e evitando magoá-las.

Por isso mesmo, nas raríssimas vezes em que dou uma *bronca* em um funcionário ou estagiário do escritório, ou mesmo em algum cliente, eles, surpreendidos pela minha incomum atitude, se ressentem mais do que seria normal.

Certa vez, um jovem comerciante de muito sucesso me procurou. Desconfiava que o sócio estivesse se apropriando de dinheiro da firma.

Como não tinha nenhum dado concreto, mas apenas suspeita, indiquei-lhe um auditor contábil de grande valor e de minha inteira confiança para fazer um levantamento completo dos negócios dos últimos cinco anos da empresa.

Expliquei-lhe que só a partir da descoberta e comprovação de um desfalque, poderíamos tomar uma medida criminal contra o sócio.

Como a auditoria era complexa e estivesse demorando, o cliente começou a se tornar impaciente.

Numa reunião comigo e com o auditor, o jovem foi, mais de uma vez, indelicado com este. Censurei-o, dizendo que deveria tratar o auditor com mais respeito, não só pela competência dele mas também por ser mais velho. E ainda: se não confiava na minha indicação, deveria procurar outro auditor e outro criminalista.

Foi aí que o moço, surpreso, me disse: "Doutor Roberto. Me desculpe, mas agora que vi que o senhor também sabe ser *bravo*, fico mais tranquilo e confiante em ser seu cliente...".

(*Carta Forense*, abril 2015)

56. O *hino* e o nonno

O jovem advogado italiano conheceu, em congresso jurídico na Europa, uma advogada brasileira. Apaixonaram-se, passaram a namorar, se casaram e vieram morar no Brasil. Muito culto e inteligente, ele aprendeu logo o português e conseguiu revalidar seu diploma.

Tomando conhecimento da legislação existente e do funcionamento do Consulado da Itália em São Paulo, passou a atuar, como advogado, em processos para obtenção de cidadania italiana por brasileiros, tendo sido pioneiro na área.

Só após a Constituição Brasileira de 1988 foi permitida a dupla nacionalidade, com a obtenção de passaporte italiano, entrada sem visto, permanência por prazo indeterminado e a possibilidade de estudar, trabalhar ou morar nos países da Comunidade Europeia.

A matéria era nova para os brasileiros e dois dos primeiros "clientes" do advogado foram seus sogros. Depois de dar entrada nos papéis deles no Consulado, comprovando sua ascendência peninsular, orientou o casal para a entrevista a ser realizada.

Explicou-lhes que, embora não precisassem conhecer o idioma italiano, deveriam saber cantar o hino do país, pois isso era imprescindível para a obtenção da cidadania italiana. Tendo decorado a letra e ensaiado várias vezes o hino, a entrevista foi marcada.

Nela, após detalhada conferência dos documentos, a cidadania foi concedida, designando-se data para entrega dos passaportes. Os sogros, então, perguntaram ao funcionário que os atendera quando iriam cantar o hino italiano. Este, rindo, disse-lhes que isso não era absolutamente necessário, perguntando quem falara tal coisa. Só aí ambos perceberam que tinha sido um "trote" do genro...

Na primeira viagem que fizeram a Itália, usaram os novos passaportes. A dupla nacionalidade brasileira-italiana também era novidade naquele país e, ao conferir os passaportes dos sogros, o oficial da aduana perguntou-lhes *como* eram italianos se haviam nascido em São Paulo.

Querendo explicar que o falecido avô era italiano, mas não falando o idioma, o sogro apontou o indicador da mão direita para o alto e disse: "*nonno, mio nonno!*". O oficial caiu na risada, entendendo logo o que se passava, e permitiu-lhes a entrada.

Hoje, com o aumento dos casos de dupla nacionalidade, os brasileiros, além de continuarem a não precisar cantar o hino nas entrevistas para obter a cidadania italiana, ao exibir seus passaportes na imigração, também não mais necessitam invocar o ascendente peninsular...

(*Carta Forense*, setembro 2015)

57. Sobre homônimos e ressuscitados

O escrivão foi um dos melhores que a Polícia Civil de São Paulo já teve. Honesto, competente, trabalhador e gentilíssimo, seus serviços eram disputados pelos delegados, gozando da estima geral.

Amigo particular, leio a notícia de sua morte e, chocado, apresso-me em mandar um telegrama à família. No dia seguinte, ele me telefona: o falecido era um homônimo, mas me agradecia pela demonstração de afeto. Só veio, de fato, a morrer anos depois.

A advogada criminalista, de origem libanesa, tinha um nome bem particular. Ao ler a notícia do falecimento, não tive dúvidas de que se tratava dela.

Pretendendo comparecer à missa de sétimo dia, desta vez não enviei telegrama aos familiares. Até que, antes da missa, para meu espanto, cruzo com ela perto do Fórum Criminal. Discretamente, pergunto se a falecida era sua parente e recebo a explicação de que se tratava de uma tia muito idosa de quem, seguindo a tradição árabe, recebera o mesmíssimo nome.

Vejo no jornal a notícia da morte do médico, conhecido do clube que frequento e irmão de um amigo. O primeiro prenome – pelo qual o conhecia – era idêntico, assim como o sobrenome.

Apenas tive dúvida quanto ao segundo prenome, que desconhecia. Antes que pudesse esclarecer o fato na secretaria do clube, ao entrar, dias depois, na sala de leitura, dou com ele, belo e fagueiro, lendo um jornal. Cumprimento-o, sem nada comentar...

A liberdade de culto e de crença é constitucionalmente garantida. O pastor evangélico era famoso pelas curas que semanalmente realizava, inclusive em doentes muito graves. Daí porque começou a circular o rumor de que ressuscitava mortos. Os boatos chegaram ao conhecimento da polícia, que começou a investigar o fato.

Procurado pelo advogado da igreja, recomendei-lhe que aconselhasse o pastor a, antes das sessões de cura, deixar claro aos fiéis que a pessoa estava viva. Afinal, o próprio Cristo, filho de Deus, segundo o Novo Testamento, só ressuscitara Lázaro, mais ninguém...

(*Carta Forense*, fevereiro 2015)

58. Heranças italianas

O conceituado advogado, neto de italiano que no início do século passado, muito jovem, emigrara para o Brasil, localizou pela *internet* alguns parentes do avô que viviam na Campagna, uma das mais belas regiões da Itália.

Em viagem à Europa durante a primavera, ele e o filho, também advogado, decidiram procurá-los na pequena cidade, próxima a Sorrento.

Conseguindo encontrar a casa, identificaram-se aos parentes, mas, para sua surpresa, foram recebidos com extrema frieza.

Quando, porém, ambos disseram que estavam financeiramente muito bem em nosso país e que nada tinham vindo reivindicar, desejando apenas conhecê-los, o clima mudou por completo.

Foram convidados para o almoço do dia seguinte, que foi servido, como de costume, no jardim, com muito *antipasto*, *pasta e vino del paese*, ao som da *tarantella*...

O promotor e a esposa resolveram visitar, perto de Nápoles, um castelo que no século retrasado pertencera à família dela, fora expropriado pelo governo que nada pagara por ele e agora estava aberto à visitação pública.

Durante a visita guiada, encantado com a beleza e a riqueza do histórico prédio, o membro do *parquet* comentou, em italiano, que ele tinha sido de propriedade do tataravô da esposa e que pretendia verificar se não teriam algum direito sobre ele.

Foi quando o guia, chamando-o de lado, aconselhou-o a mudar de assunto, pois o castelo há muitos anos pertencia a conhecida organização criminosa.

Sábia e prudentemente, o promotor não só parou incontinenti de falar a respeito, como decidiu encerrar mais cedo a visita, saindo *de fininho* com a mulher...

Meu saudoso irmão e sócio de escritório, *Celso*, certa vez foi até a cidadezinha de Zoppi, na província de Salerno, no sul da Itália, onde nascera nosso avô paterno, para ver se descobria alguns parentes.

Achou-os e foi otimamente recebido, mesmo porque, sendo tudo muito modesto no *paese* de poucas ruas, nada havia que pudesse ser pleiteado ou dividido...

(*Carta Forense*, julho 2015)

59. In vino veritas

O caso, de grande repercussão, foi um dos primeiros a ser julgado em São Paulo pela Justiça Federal de 1ª Instância, criada pelo Governo Militar após 1964.

A polícia federal, depois de longa investigação, desbaratara uma quadrilha de falsificadores de dólares americanos, entre os quais alguns comerciantes do ramo de suínos.

Na prisão em flagrante efetuada foram presos, entre outros, dois escrivães da Polícia Civil de São Paulo, tendo eu assumido a defesa de um deles, filho de um antigo advogado, amigo de meu pai *Dante*. O flagrante foi convertido na prisão preventiva de todos e as audiências, dado o grande número de acusados, eram realizadas no salão do júri do prédio da Justiça Federal, à época localizado na Praça da República.

Terminada a inquirição das testemunhas de acusação, designou-se data para ouvir as de defesa, entre quais as arroladas pelos dois escrivães. Durante a oitiva das testemunhas do escrivão que não era meu cliente, seu advogado teve de se ausentar, pedindo-me que o representasse, com o que concordei.

Prestando depoimento, uma dessas testemunhas, conceituado dentista, em certo momento revelou, espontaneamente, que além de conhecer o escrivão que o arrolara, também conhecera meu cliente, *alguns meses antes da sua prisão*, em uma praia do Guarujá em que tinha apartamento. Relatou que, após tomar algumas *caipirinhas* em um quiosque, ele deixara escapar que conseguira se infiltrar em uma quadrilha de falsificadores de dólares e que, se obtivesse êxito em desbaratá-la, esperava conseguir uma grande promoção em sua carreira.

Apesar do impacto que essa revelação causou em todos os presentes, pois justificava o motivo do escrivão ter sido encontrado com outros réus por ocasião do flagrante, o ilustre Juiz Federal Paulo Pimentel Portugal, que presidia a audiência, manteve a prisão preventiva de meu cliente.

Mas, na sentença que proferiu algum tempo depois e que foi confirmada pelo então Tribunal Federal de Recursos, o grande Magistrado o absolveu em face da dúvida que aquele depoimento lhe provocara, lembrando a máxima latina *in vino veritas* (no vinho a verdade). Ou seja, alcoolizado, a pessoa fala inconveniências, mas, às vezes, também o que realmente ocorreu...

(*Carta Forense*, agosto 2015)

60. *Lazio 3 × Roma 0*

Filho de imigrante italiano, meu pai *Dante* falava fluentemente o idioma. Quando viajava para a Itália, todos pensavam que fosse natural daquele país. Na minha infância e adolescência, contudo, nunca ouvi em casa uma única palavra sua em italiano. Acho que assim agia por orgulhar-se de aqui ter nascido. Talvez tenha sido também esse o motivo pelo qual, ao ser eleito aos 25 anos de idade o presidente mais jovem da história do Palmeiras, então Palestra Itália, uma de suas primeiras providências foi determinar que as atas das reuniões da diretoria passassem a ser redigidas em português e não mais em italiano. Como criminalista, em nosso escritório, só o ouvia conversar em italiano esporadicamente, com algum cliente dessa nacionalidade. Daí porque eu sabia apenas algumas palavras no belo idioma peninsular.

Certa vez, defendi um empresário italiano. Apesar dele conhecer pouco a língua portuguesa, adquiriu uma fábrica de tecidos brasileira e nela fez grandes investimentos. O negócio fracassou e ele foi à falência. Pior ainda: acabou, injustamente, sendo denunciado por crimes falimentares.

Indicado por um colega civilista, impetrei em seu favor um *habeas corpus* que foi unanimemente concedido pelos três desembargadores de uma das Câmaras Criminais do Tribunal de Justiça de São Paulo, que trancaram a ação penal por falta de justa causa. Saindo do tribunal, apressei-me em telefonar para o cliente, que estava na Itália, a fim de dar-lhe a boa notícia. Eu não falando italiano e ele não entendendo bem o português, a comunicação estava difícil e o cliente não compreendia o que tinha acontecido.

Até que, me lembrando que ele fora diretor da Lazio, clube de futebol que é o grande rival da Roma, ambos da capital, tive um *insight* e lhe disse em italiano: *Lazio tre x Roma zero* (Lazio três, Roma zero). O cliente de imediato entendeu que havíamos ganho a causa por votação unânime, caiu na risada e efusivamente me agradeceu: *"grazie mille, avvocato"* (muitíssimo obrigado, advogado). No ano seguinte, resolvi começar a estudar italiano...

(*Carta Forense*, março 2015)

61. A defesa prévia e o banco dos réus

No processo penal, desde 2008, após o recebimento da denúncia é aberta vista ao acusado para apresentação da resposta, na qual seu defensor deverá arguir preliminares, oferecer documentos e justificações, especificar as provas pretendidas e arrolar testemunhas, podendo alegar *tudo* que interesse à defesa.

Antes, todavia, não era assim. Em vez da resposta havia a defesa prévia, que não tinha tantas exigências, limitando-se os criminalistas geralmente a arrolar testemunhas e protestar pela produção de provas. Não se adiantava para a promotoria, portanto, qual seria a estratégia defensiva.

Desconhecendo essa praxe, quando algum civilista assumia eventualmente a defesa criminal de um cliente, apresentava longa petição, como se tratasse de uma contestação no cível, expondo *toda* a linha de defesa. Os promotores, é claro, adoravam...

Outra situação curiosa acontecia na sala de audiências dos processos criminais. O costume sempre foi, e continua a ser, o de o acusado sentar-se na ponta da mesa, que corresponde ao "banco dos réus", deixando-se as laterais para o promotor, advogados e testemunhas a serem ouvidas.

Ignorando esse fato, os civilistas que defendiam esporadicamente um acusado na área criminal, acabavam por sentar-se no lugar do réu ou ao lado dele.

Quando o juiz ou o escrevente não os alertava do equívoco, quem entrasse na sala por vezes pensava que o advogado fosse o réu ou corréu. Apesar de estar de terno e devidamente engravatado...

(*Carta Forense*, maio 2015)

62. A beca, o júri e o motel

Já consagrado, o criminalista era um orador notável, brilhando em sustentações orais e principalmente no júri.

Quando, com a cabeleira precocemente grisalha e sua impecável beca, assumia a tribuna da defesa nos julgamentos populares, provocava enorme admiração em ambos os sexos.

Entre os seus admiradores havia uma jovem e bela advogada que jamais deixava de assistir aos júris do criminalista, mesmo que no interior do Estado. Enquanto estava casado, resistiu às investidas amorosas da moça, que invariavelmente ocorriam após o término das sessões do Tribunal Popular.

Até que, depois de separado, ao final de um vitorioso julgamento em Comarca vizinha a São Paulo, o criminalista acedeu ao convite da moça para irem jantar.

Durante este, em aconchegante restaurante perto do Fórum, o clima romântico entre ambos aumentou e, daí, a ida para um motel da cidade foi inevitável.

O criminalista escolheu o melhor quarto e tudo parecia caminhando para aquele momento em que corpo e alma se encontram na magia do amor.

Foi quando, em pleno enlevo, a jovem lhe fez um insólito pedido: que vestisse a beca. Cavalheiro, o colega não me contou o nome da moça nem o que aconteceu depois...

(*Carta Forense*, novembro 2014)

63. *Entre a Nigéria e o FBI*

Aos 85 anos, o médico, meu conhecido, continuava gozando de invejáveis saúde física e mental. Fazia ginástica diariamente, gostava de um bom vinho tinto e ainda tinha uma namorada, mulher exuberante de sessenta e poucos anos...

Ao contrário de outros idosos, sabia usar a *internet*. Certo dia, recebeu um *e-mail* em inglês assinado por um desconhecido, proveniente da Nigéria, dizendo que estavam à sua disposição, em um banco local, dez milhões de dólares. Respondeu de imediato, informando, em bom inglês, que jamais tivera qualquer conta bancária naquele país.

Duas semanas depois, recebeu outro *e-mail*, desta vez do *FBI*, afirmando que os dólares haviam sido transferidos em seu nome para o *Bank of America*, tinham sido bloqueados e que ele estava sob investigação federal. Caso não provasse que não tinha ligação com terrorismo ou tráfico de drogas, poderia ser processado e até preso... Terminava dizendo que um representante do *FBI* na Nigéria entraria em contato com ele. Consultando o *Google*, constatou que o nome de quem enviara esse *e-mail* era mesmo de um diretor do *FBI*.

Quinze dias após, o representante nigeriano do *FBI* enviou-lhe um *e-mail*, explicando que já tinha falado com o Ministro do Interior daquele país e que este lhe confirmara que o médico realmente não tinha qualquer ligação com terroristas ou traficantes.

Uma semana mais tarde, o diretor do *FBI* mandou outro *e-mail* ao médico, dizendo que para encerrar a investigação seria necessário que o governo americano emitisse um documento oficial a respeito. Para tanto, ele precisaria pagar uma taxa de 1.500 dólares, sendo indicados o banco e a conta a serem depositados. Assustado e aturdido com a investigação do *FBI*, o médico, no dia seguinte, fez, através de seu banco, a transferência solicitada. A partir daí, cessaram os *e-mails* e ele, logicamente, não recebeu o tal documento "oficial".

Ao procurar-me, confirmei o que ele, àquela altura, já desconfiara: tinha sido vítima de um estelionato, certamente praticado por brasileiros com conta no exterior. Disse-lhe que poderia requerer um inquérito policial para tentar identificar os estelionatários, mas isso custaria tempo e dinheiro, e os dólares enviados dificilmente seriam recuperados.

O médico resolveu não tomar qualquer medida policial a respeito e esquecer o assunto. Perguntou o valor da minha consulta e eu lhe disse que, em consideração a sua pessoa, nada cobraria. Voltou, então, aos exercícios físicos, à namorada e aos bons vinhos tintos, presenteando-me, na semana seguinte, com uma garrafa do seu preferido...

(*Carta Forense*, junho 2015)

64. O voo do cavalo*

O empresário brasileiro, tendo comprado um puro-sangue na Europa, contratou renomada empresa aérea para trazê-lo a nosso país. O cavalo, com mais quatro pertencentes a outros proprietários, foi colocado em um *Jumbo* de transporte misto, ou seja, parte de passageiros e parte de carga viva.

Depois do avião sobrevoar Portugal e entrar no Atlântico, o cavalo do empresário entrou numa grande agitação, colocando o voo em risco. O piloto teve que fazer um pouso de emergência em Cabo Verde, onde os passageiros desceram e foram alojados em um hotel. Como o aeroporto não tinha elevador para retirar os cavalos de um avião alto como aquele, nem instalações para abrigá-los, eles permaneceram a bordo.

No dia seguinte, o comandante, depois de consultar a empresa aérea, optou por matar o agitado animal. Não havendo injeção letal disponível, decidiram fazê-lo com arma de fogo, tendo um segurança do aeroporto sido incumbido de cumprir a lamentável tarefa dentro da própria aeronave.

---

* Este *causo* me foi narrado pelo ilustre advogado *Geraldo Rocha Azevedo*, autor de vitoriosa ação de indenização contra a companhia aérea.

Quando o piloto, com os passageiros de novo a bordo, bem como os animais, iniciava os procedimentos para a decolagem, os cavalos vivos, com a presença do morto, começaram a se agitar, tendo ela de ser abortada.

Só depois da chegada de um elevador trazido de outro aeroporto, os animais conseguiram ser retirados. Os assustados passageiros puderam, então, seguir viagem no mesmo avião, sendo providenciado um outro, exclusivamente de carga, para trazer os cavalos vivos ao Brasil, deixando, é claro, o morto em Cabo Verde...

(*Carta Forense*, setembro 2014)

65. O cliente que estava e não estava

O cliente do combativo criminalista *Maviel José da Silva* tivera, sem qualquer justificativa, decretada a prisão preventiva. Não se conformando com a ilegalidade dessa medida extrema, o acusado, com a concordância do advogado, optou por não se apresentar, resguardando-se até que fossem tomadas as providências judiciais cabíveis.

O que, a meu ver, é um direito do réu, não podendo ser confundido com uma fuga anterior à decretação da prisão preventiva.

Antes de impetrar um *habeas corpus*, o causídico optou por fazer um pedido de reconsideração ao magistrado, demonstrando estarem ausentes os pressupostos e requisitos da prisão cautelar.

Ao despachar a petição, travou-se o seguinte diálogo entre o juiz e o advogado:

"Juiz: Doutor, seu cliente *tá* aí?

Advogado: Excelência, *tá* e não *tá*.

Juiz: Como *tá* e não *tá*?

Advogado: Se o senhor for revogar a prisão, eu dou um telefonema e em dez minutos ele *tá*. Mas, se o senhor não for revogar, eu acho que ele não *tá*...

Juiz (após reler a petição): Doutor, pode telefonar para o cliente".

Foi o que, de imediato, fez o criminalista. Em poucos minutos o acusado se apresentou ao magistrado e este revogou a preventiva, permitindo que ele, merecidamente, pudesse se defender em liberdade...

(*Carta Forense*, junho 2014)

66. O comendador

Os clientes dos advogados criminalistas são, às vezes, tipos humanos muito curiosos.

Um dos primeiros que tive foi o Comendador. De origem humilde e instrução apenas primária, graças à sua inteligência e dedicação ao trabalho, aos 50 anos alcançara grande sucesso como comerciante e se tornara muito rico, embora sua simploriedade permanecesse.

Sua empresa mais rentável era de genealogia, a qual, após pesquisar a origem das famílias, outorgava a seus membros comendas. Uma das primeiras que concedeu, segundo ele merecidamente, foi a si próprio. Durante muito tempo insistiu em me outorgar uma, mas educadamente recusei, alegando que preferia não usar títulos.

Suas viagens ao exterior eram sempre para os Estados Unidos, em geral para Miami e Orlando, cidades que adorava, sobretudo a *Disneyworld*.

Por insistência de amigos, decidiu, finalmente, conhecer a Itália, país dos seus ancestrais. Viajou para lá no luxuoso navio *Augustus*, de bandeira italiana, que à época vinha periodicamente ao Brasil.

Ao regressar, me confidenciou que se decepcionara com aquele país. Não se conformava com o fato dos prédios mais antigos não receberem uma pintura nova, pelo menos, como dizia, *uma mão de tinta*, ou do Coliseu não ter sido nunca restaurado.

Voltou a viajar somente para os Estados Unidos, onde, afinal, tudo era novo, moderno e bem cuidado. Mas, orgulhoso da viagem de navio que fizera ao continente europeu, ao regressar mandou fazer novos cartões de visita. Neles estava impresso em relevo: "Comendador ..., Ex-passageiro da 1ª Classe do *Augustus*...".

(*Carta Forense*, agosto 2014)

67. O semestre sabático

Não sei onde a moda começou, se nos Estados Unidos ou na Europa, acreditando que tenha sido nos primeiros. É o ano sabático, no qual pessoas, em geral de meia idade, param um ano de trabalhar para repensar a vida e seus objetivos.

A maioria é de executivos, até estimulados a fazê-lo por grandes empresas que garantem seus salários e empregos. Mas há também profissionais autônomos que, tendo condições financeiras, fazem tal opção.

Outro dia, lembrei-me que meu pai *Dante Delmanto*, trabalhador incansável durante mais de cinquenta anos de advocacia criminal, também teve, senão um ano, pelo menos um semestre sabático.

Ele achava, com razão, que viajar é uma das melhores coisas da vida, mas que para isso era necessário ter tempo, saúde e dinheiro. Embora tivesse saúde e dinheiro, sempre lhe faltava tempo...

Aos 46 anos de idade, já consagrado como criminalista, resolveu passar três meses na Europa com minha mãe.

À época, os réus mandados a júri tinham de aguardar presos o julgamento. Para poder viajar sem prejudicar os clientes que estavam nessa situação, fez oito júris em dois meses, logrando a absolvição em sete deles e a desclassificação de homicídio doloso para culposo em um.

Advogando até então sozinho – o que só viria a mudar sete anos depois, quando meu irmão mais velho *Celso* se formou – *contratou* alguns colegas em ascensão profissional, seus amigos, para substituí-lo nas audiências de clientes soltos a serem realizadas durante sua ausência.

A viagem acabou se estendendo por seis meses e, ao voltar, teve uma surpresa: os jovens colegas, em vez de fazer as audiências, simplesmente as tinham adiado...

Seus trabalhos profissionais acabaram, por isso, sendo redobrados. Daí em diante, suas férias limitaram-se a períodos bem curtos. Nunca mais pensou em ter outro semestre sabático...

68. Sobre geralistas e criminalistas

Mestre *Waldir Troncoso Peres*, que pontificou na advocacia criminal brasileira na segunda metade do século passado, dizia que o geralista – advogado que atua em várias áreas do direito – é alguém que sabe um pouco de tudo e muito de nada...

Não é o caso de grandes e conceituados escritórios que, embora atuando em todas elas, possuem especialistas em cada área.

Mas nem sempre foi assim. Houve épocas em que eles preferiam não atuar na advocacia criminal. Seja por envolver a liberdade e a honra das pessoas – valores que transcendem os predominantemente econômicos e financeiros de outras especialidades –, seja pela dificuldade maior em nela estabelecer os intransponíveis limites éticos.

Um desses renomados escritórios – com mais de uma centena de advogados – me confiou, certa ocasião, a defesa de um de seus principais clientes, denunciado criminalmente por crimes falimentares. Embora a falência envolvesse algumas dezenas de milhões de dólares, optei por cobrar honorários bem razoáveis. Era a primeira vez que esse escritório me indicara e eu tinha a esperança de estabelecer com ele uma relação profissional duradoura.

Impetrei um *habeas corpus* e a ordem foi unanimemente concedida para trancar a ação penal. Apesar do sucesso da minha atuação, não mais fui indicado pelo referido escritório.

Passado algum tempo, entendi o que ocorrera. Um colega de faculdade de meu filho *Roberto*, sabendo que nele estavam precisando de novos profissionais, candidatou-se a um cargo.

Na entrevista que teve com um dos sócios, este lhe perguntou em quais áreas possuía prática, e ele disse que já atuara nas áreas imobiliária, tributária, cível e administrativa. Tendo o sócio indagado se conhecia a área criminal, respondeu, com sinceridade, que dela nada sabia.

Foi aí que o entrevistador lamentou não poder contratá-lo, pois era justamente para essa área que precisavam de um advogado. Segundo ele, estavam *cansados de dar dinheiro para os criminalistas...*

(*Carta Forense*, outubro 2013)

69. Vegetariano ma non troppo

O grupo de jovens advogados, do qual fazia parte meu filho *Fabio*, frequentava a mesma academia de *yoga*. Nela, fizeram amizade com um professor que, apesar de muito moço, era dos mais competentes.

Vegetariano radical, não comia carne, mesmo branca, nem peixe e evitava sempre ingerir qualquer derivado de animal, como ovos, queijo e leite. Para compensar, a exemplo de certos hindus, tomava mensalmente proteínas.

Não se cansava, entretanto, de apregoar as vantagens físicas, mentais e espirituais do vegetarianismo, inclusive para melhor desempenho profissional e... sexual, tentando convencer seus alunos a adotá-lo.

Fabio resolveu convidar o grupo para passar um fim de semana em nossa casa de campo. Convidou também o professor de *yoga*.

Antes de viajar os bacharéis compraram verduras e frutas, para o rapaz, mas não deixaram de comprar, para eles próprios, diversos tipos de carne, pois não queriam abrir mão do churrasco.

No sábado, após uma longa caminhada, o almoço foi servido. Ao lado de uma variada salada, as carnes assavam na churrasqueira, chegando ao ponto certo e exalando convidativo cheiro.

Os olhos do jovem mestre se arregalaram e ele, subitamente, avançou em direção ao churrasco. Foi o que mais dele comeu, incansavelmente, para o espanto geral.

O instinto, de repente, superara a razão. O rapaz revelou-se, afinal, vegetariano, mas não demais, ou como diriam os italianos, *vegetariano ma non troppo...*

(*Carta Forense*, agosto 2013)

70. Très doucement

Em rumoroso inquérito, a polícia contestava a autenticidade de importante documento datilografado em uma antiga máquina de escrever e assinado por um rico empresário, falecido após longa enfermidade: não apenas a assinatura seria falsa como também a máquina só teria sido fabricada após a data em que o documento fora assinado. Tratar-se-ia, assim, de uma dupla falsidade.

Na defesa do herdeiro que apresentara o documento, buscando provar sua autenticidade, resolvi consultar um perito grafoscópico. Minha escolha recaiu sobre um *expert* jovem, mas extremamente competente. Após examinar o documento, ele concluiu pela sua idoneidade: a assinatura do falecido era verdadeira, somente tendo sofrido as naturais alterações decorrentes da doença; quanto à máquina de datilografia – cuja marca, modelo e série logrou identificar – tinha sido fabricada em época anterior à data do documento. Forneceu-me, em seguida, um alentado parecer.

Sabendo da influência política de parentes que contestavam meu cliente, para reforçar a conclusão do laudo, resolvi consultar um perito grafoscópico belga muito renomado. Ele também concluiu que a assinatura do falecido era autêntica e que a máquina já era produzida antes da data do documento. Discordou, apenas, de um pormenor: embora a marca e o modelo da máquina fossem os apontados pelo brasileiro, a série de fabricação era outra, que indicou.

Como esse dado não invalidava o primeiro parecer, antes de solicitar ao belga um laudo pericial, apressei-me em comunicar ao perito brasileiro a opinião do europeu, que igualmente considerava o documento idôneo. Ele, contudo, mostrou-se preocupado com a divergência, achando que poderia prejudicar sua reputação e pediu-me que solicitasse ao perito belga para não enfatizá-la em demasia. Como não domino perfeitamente o francês, pedi à minha então secretária, que conhecia bem o idioma, para transmitir para o europeu, por telefone, a sua solicitação.

Foi aí que ela, com a sutileza própria das mulheres, disse ao perito belga: *"Savez-vous, monsieur, le expert bresilién est très jeune. Il est comme une vierge: el faut faire très doucement"* ("Sabe, senhor, o perito brasileiro é muito jovem. Ele é como uma virgem: é preciso fazer bem docemente"). O perito europeu riu da imagem da secretária, compreendendo a preocupação do colega. E, em seu parecer, apesar de manter a divergência com o brasileiro, a manifestou com elegância e discrição, ou seja, *"très doucement"*...

(*Carta Forense*, outubro 2014)

71. A gaiola, o anel de brilhante e a causa prescrita

Atualmente, os advogados, em sua grande maioria, seguindo recomendações da Ordem, não deixam de fazer contratos de honorários com seus clientes. O que evita dissabores futuros, pois se estes não os honram, há como executá-los. Mas nem sempre foi assim. No passado, os criminalistas muitas vezes faziam contratos verbais, principalmente quando eram chamados para atender alguém preso em flagrante.

Depois que conseguiam o relaxamento da prisão, os clientes não mais os pagavam... Daí o jargão advocatício "passarinho fora da gaiola não canta", ou seja, melhor cobrar enquanto cliente está preso. Hoje, com o desvirtuamento da prisão provisória, usada para obter ilegais delações premiadas, o jargão de alguns acusadores é outro: "passarinho dentro da gaiola canta mais bonito"...

Ao contratar honorários, de preferência sempre por escrito, deve o criminalista evitar receber bens móveis do cliente que podem lhe fazer falta ou objetos pessoais de estimação. Nunca me pareceu ético. Mas nem todos pensam desse modo, como o advogado criminal que atendeu um rico empresário ameaçado de sofrer prisão preventiva, tendo o encontro ocorrido na própria casa deste. O caso era dos mais graves e ao lhe apresentar, no dia seguinte, a estimativa de honorários, o causídico ouviu do empresário que não tinha condições de pagá-lo. Ao que o advogado retrucou: "mas eu vi que sua mulher usava um belo anel de brilhante, e eu posso aceitá-lo em pagamento". O cliente não se sentiu bem com a proposta, e contratou outro advogado...

O criminalista, ao ser procurado para defender uma pessoa, não deve iludi-la a fim de conseguir ser contratado, prometendo o impossível; mas também não pode deixar de lhe dar alguma esperança, para que ela não venha a cometer um desatino. Mesmo porque, ao contrário da engenharia, na medicina e no direito dois mais dois nem sempre são quatro...

Como na área criminal, ao contrário da cível, não há valor da causa, pois a liberdade e a honra não têm preço, deve o advogado criminal procurar estabelecer honorários justos, usando, a meu ver, de quatro parâmetros: a dificuldade da causa; o grau de responsabilidade que ela envolve; a experiência, a especialização e o conceito que o advogado tem; e a condição econômica do cliente.

Não fazer como o (mau) causídico que, ao ser procurado para uma defesa criminal, apesar de perceber que o caso já estava prescrito, mostrou-se muito preocupado, a fim de valorizar seus honorários. Obtida dessa forma antiética a contratação, alguns meses depois impetrava um *habeas corpus* obtendo a extinção da punibilidade. E o cliente, é lógico, de nada reclamou; ao contrário, enalteceu para parentes e amigos a rapidez e eficiência do advogado, que prontamente solucionara *tão intrincada* causa...

(*Carta Forense*, fevereiro 2016)

72. A prova costurada

Este *causo* ocorreu, há muitos anos, em um Tribunal de Justiça. Ao analisar recurso extraordinário criminal interposto pela defesa, sendo que à época não existia recurso especial, o STF, considerando ilícita certa prova de acusação, anulou o acórdão recorrido que, com base nela, por unanimidade condenara o acusado a severa pena.

Determinou ainda que a prova anulada fosse desentranhada, ou seja, retirada dos autos e nova decisão viesse a ser prolatada pelo Tribunal de Justiça.

A Corte Estadual, desobedecendo a determinação do Supremo, não só deixou de fazer o desentranhamento, como também proferiu outro acórdão, mantendo, por votação unânime, a condenação com fundamento na *mesma* prova anulada.

Impetrado pela defesa um *habeas corpus*, o STF, ao anular o segundo acórdão, determinou que, antes dos autos serem devolvidos à 2ª Instância, a Secretaria do Supremo *costurasse* umas às outras as folhas que continham a prova anulada, para que o Tribunal de Justiça não voltasse a utilizá-la, impedindo, assim, sua citação.

E ainda mais: aplicou a pena de censura aos três desembargadores subscritores do segundo acórdão, todos veteranos, determinando que ela constasse de seus assentamentos funcionais...

73. A cotovia e o inhambu

Esta história foi contada pelo eminente advogado criminal carioca *Técio Lins e Silva*, em palestra que proferiu durante o VI Encontro Brasileiro dos Advogados Criminalistas, realizado pela ABRACRIM em Curitiba.

Lembrou *Técio*, a figura de *Humberto Teles*, um dos grandes criminalistas do Rio de Janeiro na segunda metade do século passado, que brilhou sobretudo no Tribunal do Júri, onde atuava incansavelmente quase todas as semanas.

De origem nortista, era de estatura baixa, e tinha cabeça grande e chata, sendo considerado um homem muito feio.

Orador notável, quando, entretanto, assumia a tribuna da defesa nos julgamentos populares e começava a falar, como que por um milagre, transformava-se para os que o assistiam em um homem alto, esplendoroso e belo.

Em certo júri, o promotor, em sua oração, alertou os jurados para que não se deixassem envolver pela oratória de *Humberto Teles*, pois ele era conhecido como *a Cotovia do Norte*, ave que se caracteriza pelo lindo canto e voo ondulante; os machos elevam-se até 100 metros ou mais, onde descrevem círculos e continuam a cantar. Deviam, portanto, se ater apenas à prova dos autos para bem decidir.

Ao lhe ser dada a palavra, o famoso defensor assim iniciou sua fala: "Eu não sou a cotovia; sou o inhambu-preto da Amazônia: cinzento, feio e *carrapento*".

Ganhou a simpatia dos jurados e, com sua formidável oratória, mais um júri. Era mesmo "a cotovia"...

(*Carta Forense*, novembro 2013)

74. Decálogo do jovem advogado criminalista

1. Tenha consciência de que você escolheu a mais bela das especialidades da advocacia, pois ela lida com dois dos maiores bens do homem: a liberdade e a honra.

2. Tenha orgulho dela e a exerça com dignidade. Não compactue jamais com a violência ou a corrupção. Tal comportamento lhe dará forças para suplantar os obstáculos que certamente virão.

3. Apesar das dificuldades da advocacia criminal, não perca nunca a alegria ao exercê-la. Lembre-se sempre de que seu verdadeiro cliente e, ao mesmo tempo, sua maior causa, é a liberdade.

4. Ao decidir se aceita patrocinar uma defesa, preocupe-se menos em saber se o cliente é inocente do que se sua consciência de advogado e ser humano permite defendê-lo. Uma vez aceita a causa, lute por ela com todo o empenho, tendo como limite ético intransponível não prejudicar terceiros inocentes.

5. Ao ser procurado para requerer um inquérito policial, atuar como Assistente do Ministério Público ou propor uma queixa-crime, busque certificar-se de que a pessoa que vai acusar é realmente culpada. Aceita a causa, se no decorrer

dela lhe surgir qualquer dúvida quanto à culpabilidade do acusado, não hesite em renunciar por razão de foro íntimo.

6. Seja combativo e dedicado às causas que patrocinar, mas não transforme cada defesa ou acusação em uma verdadeira guerra, onde quase tudo é permitido, nem a parte contrária ou seu patrono em um inimigo.

7. Faça valer suas prerrogativas profissionais, sem desrespeitar as autoridades policiais, do Ministério Público ou judiciárias.

8. Não se preocupe com o sucesso dos colegas, mas apenas com suas próprias causas e seus próprios clientes, dando para eles o melhor de si. Cuide daquelas como quem cuida de um jardim e tenha com estes sempre paciência, muita paciência.

9. Dedique-se a fundo às causas que lhe são confiadas e procure produzir a melhor prova possível em favor de suas teses. Estude a Constituição, as leis, os regimentos dos tribunais, a doutrina e a jurisprudência aplicáveis. Prepare-se para cada audiência de que for participar, para as sustentações orais e, sobretudo, para atuar no Tribunal do Júri, momento maior da advocacia criminal.

10. Escolha, entre os colegas mais velhos, um que lhe sirva de modelo e inspiração. Observe seu modo de advogar, sua técnica e sua ética. No momento certo, você estará apto a seguir seu próprio caminho e ser aquilo que mais deve almejar: um bom advogado criminalista.

(*Carta Forense*, dezembro 2014)